Premiere Collection

〈仏の物語〉の伝承と変容

草原の国と日出ずる国へ

山口周子

京都大学学術出版会

プリミエ・コレクションの創刊にあたって

「プリミエ」とは，初演を意味するフランス語の「première」に由来した「初めて主役を演じる」を意味する英語です。本コレクションのタイトルには，初々しい若い知性のデビュー作という意味が込められています。

いわゆる大学院重点化によって博士学位取得者を増強する計画が始まってから十数年になります。学界，産業界，政界，官界さらには国際機関等に博士学位取得者が歓迎される時代がやがて到来するという当初の見通しは，国内外の諸状況もあって未だ実現せず，そのため，長期の研鑽を積みながら厳しい日々を送っている若手研究者も少なくありません。

しかしながら，多くの優秀な人材を学界に迎えたことで学術研究は新しい活況を呈し，領域によっては，既存の研究には見られなかった潑剌とした視点や方法が，若い人々によってもたらされています。そうした優れた業績を広く公開することは，学界のみならず，歴史の転換点にある21世紀の社会全体にとっても，未来を拓く大きな資産になることは間違いありません。

このたび，京都大学では，常にフロンティアに挑戦することで我が国の教育・研究において誉れある幾多の成果をもたらしてきた百有余年の歴史の上に，若手研究者の優れた業績を世に出すための支援制度を設けることに致しました。本コレクションの各巻は，いずれもこの制度のもとに刊行されるモノグラフです。ここでデビューした研究者は，我が国のみならず，国際的な学界において，将来につながる学術研究のリーダーとして活躍が期待される人たちです。関係者，読者の方々ともども，このコレクションが健やかに成長していくことを見守っていきたいと祈念します。

第25代　京都大学総長　松本　紘

序

今を遡ることおよそ25～26世紀，現在のネパール領にあるルンビニと呼ばれる庭園で，ひとりの王族の子が誕生した。ゴータマ・シッダールタと名づけられた彼は，約束された王位を捨て，求道者として大成し，数多くの弟子たちとともにインド北東部を中心に旅を重ね，人々に「魂の福祉」を施しつつ，生涯を全うした。その入滅の地は現在のインド領・ウッタラプラデーシャ州にあるクシナガラという街であったと伝えられている。「自らを依(よ)り所とせよ」との最後の言葉でも有名なこの偉人の教えは，「目覚めた人（ブッダ）の教え」すなわち「仏教」として知られ，彼の死後，何世紀もの時間をかけて，中央ユーラシアを含むユーラシア大陸東部を中心に，国家や民族を超えて広がっていった。

その伝播の軌跡は，まず，おおまかに二分される。いわゆる，「南伝仏教」と「北伝仏教」である。前者は，インドからみておよそ南の方面，すなわち，スリランカを始め，タイ，ミャンマー，ラオスなどに伝わった流れで，現在では「上座部仏教」として知られる。これに対し，後者は，インド以北に広まった流れで，その伝播地域は，「南伝」のそれよりも広範囲にわたる。「北伝」ルートには大別して2つある。ひとつは，インドから中央アジアに出て，東方へとその進路を向ける。シルクロードの道筋にも一致しており，中国大陸，朝鮮半島を経て日本に至る。いまひとつは，文字通り北に抜けたルートで，ヒマラヤを越えてチベットに入り，モンゴル，さらには現ロシア領にあたるトゥヴァ共和国，カルムイク共和国にまで続いている。

それら広範囲の地域に伝播していくうちに，仏教はさまざまな変化を遂げていく。単に教理面のみならず，医療や絵画，天文学，文学など，周辺文化のさまざまな知識を取り入れつつ発展していったのである。

従って，後世の仏教僧の中には，学問僧であると同時に医者であったり，占星術師であったり，芸術家であったり，はたまた，呪術師であったりと，多方面にわたって才能を発揮した人物も少なくない。特に，チベットやモンゴルの仏教では，今なおこういった人物が存在している。実例をあげると，筆者が内蒙古留学中によく世話になっていた高僧は，寺院の責任者として日々の勤めを果たす一方，チベット医学を修めた医師として多くの一般信者の脈をとり，薬を処方する人物だった。

そして，彼らが大切に保持し，伝えてきた数々の仏教経典もまた，多くの知識や文化の集積であり，実に豊富な内容をそなえている。本書では，そういった要素のひとつとして「仏伝」と「仏教説話」を取り上げ，その展開と変容について語ろうと思う。

さまざまな仏教テキストのうち，説話や物語，中でも人気の高いものは特に，伝播した先々の影響を受けやすい。改編・改作も比較的積極的になされたことであろう。中には教訓譚も多く見られるので，それこそ小僧のような仏道入門者の「道徳テキスト」のような側面もあったと思われる。つまり，仏教徒の間でも「ものがたり」は初級者，上級者を問わず，よく知られていただろうし，同時に，仏教における基本的な倫理観や基礎知識を織り込みやすい教材であったと考えられる。その記述を通して，我々は，いにしえの仏教徒たちが身につけていたであろう基本的な概念を理解すると同時に，仏教が伝播した先々の文化的影響も窺い知ることができるのだ。

本書 1 冊だけで，このような広大なテーマにどこまで迫れるかは甚だ疑問ではあるが，インドから出発してユーラシア大陸に広まったいくつかの仏教テキストを追跡することにより，「周辺地域」における物語の展開を示してみようと思う。

本書の前編では，インドで生まれた仏伝，つまり，ブッダの生涯を描いた物語が，改作，翻訳を経てモンゴルにまで伝わったひとつの事例を取り上げる。そもそも，モンゴルの仏教は，その「本家」にあたるチベット仏教と比べ，少なくとも我が国では，さほど知られていない。ともすれば，モンゴルが仏教を受容した地域であることすら，一般には知られていない。また，この点も一部の専門家にしか認知されていないのだが，モンゴル仏典，特に，数は少ないが，元朝期にまで遡りうるものは，言語学的な視点から見ても，非常に興味深い資料と言える。さらに，その時期の仏典資料に見られる語形は，後の清朝期に印行され，現在にまで伝わっている「モンゴル語大蔵経」の翻訳事情を解明していく上でも，重要な手掛りとして位置づけられる。これらの点において，本書で示す内容は，新たな学術的および文化的理解の一助になるだろう。なお，専門家の間では，モンゴル仏教経典はチベット仏教のそれに基づく単なる重訳にすぎない，との見方が少なくない。このような現状において，本書では，仏教経典翻訳史におけるモンゴル仏教テキストの位置づけについても再考してみたい。

後編では，我が国においてよく知られている『今昔物語集』の「天竺部」に見られるある説話を事例として取り上げ，原典に相当するインドの仏教説話からどのように変容してきたのかを提示してみたい。前編で扱ったモンゴル仏教テキストが，ほとんど「仏教の北端」の一形態を示すものと見なし得るならば，我が国のそれは「仏教の東端」を示すものとなるだろう。

本書では，仏教テキストの北端と東端の2つの事例を通し，インド大陸に生を受けたひとりの偉人の立ち上げた思想が，国家や民族を縦断し，ひとつの「文化」としてそれぞれの地域に根ざしていく有様を，歴史学や言語学の知識も活用して提示してみたい 。そういった異なる分野からのアプローチは，単なる「宗教・思想」の枠には収まらない仏教と，それを伝える聖典群の新たな価値を再確認することにつながるだろう。また，仏教テキストという素材を通して，我々はその伝播の歴史，ひいては,「仏教圏」で共有する歴史的・文化的背景の多様性をも再確認することができるのである。

目　次

序　i

前編　仏伝の最北端 ── モンゴル帝国に伝わった「仏の物語」……1

Ⅰ　仏伝『ラリタヴィスタラ』……5

Ⅱ　「モンゴル語抄本」説の真偽……13

1.　奥書からの問題提起　13

2.　先行研究の見解　19

3.　「第3のテキスト」の可能性　23

Ⅲ　物語の‘嵌め木細工’……30

1.　菩薩の家族構成　30

2.　供養者の娘　35

3.　さらなる原典候補　38

4.　妻と息子　41

5.　ナンダー，ナンダバラー，スジャーター　47

6.　「仏十二行」　50

Ⅳ　モンゴル大蔵経成立について ── サンスクリット借用語から見えてくるもの……54

1.　「雪の国」から「草原の国」へ　54

2.　モンゴル語訳『ラリタヴィスタラ』　63

3.　ウイグル人僧侶のあしあと　64

4.　モンゴル語訳『ラリタヴィスタラ』の翻訳者像　74

5. まとめ 77

後編 『ジャータカ』から『今昔物語集』まで……………………81

天空をゆく馬の物語…………………………………………………84

はじめに 84

1. 雲馬（ヴァラーハッサ）ジャータカ 87

2. 「雲馬物語」の分類 88

(1) 物語の構成と関連テキスト一覧

(2) 物語の分類 —— 「僧迦羅」の物語の位置づけ

(2-1) 物語の構成による分類 —— 「雲馬物語」のヴァリエーション

(2-2) 本生譚としての分類 —— ブッダの「前世」は誰か

(2-3) 教訓提示の有無 —— 「雲馬譚」のメッセージ

(2-4) まとめ —— 「雲馬譚」と「僧迦羅」の物語

3. 『大唐西域記』の「雲馬譚」 116

4. 『大唐西域記』と『根本説一切有部毘奈耶』 126

(1) 吉凶幡

(2) 羅刹女の追跡

(3) 王の殺害

(4) 王位継承

(5) 羅刹女退治

(6) 建国

(7) 物語の主旨

5. 『佛説大乘荘嚴寶王經』,『今昔物語集』,「普門品第二十五」 137

6. まとめ —— テキストの相関関係 147

付 —— 梵・蔵・蒙語対応語彙一覧 151

前　編

仏伝の最北端

――モンゴル帝国に伝わった「仏の物語」

ここに，ちょっとばかり古ぼけた，山吹色の表紙のついた 1 冊の本がある，と思っていただきたい。英文で著されたもので，表題は，*The Twelve Deeds of Buddha*（『仏の12の行い』）となっている。著者は，ニコラス・ポッペ（Nicholaus Poppe）という名の，中国山東省芝罘（しふう）[1]の生まれのドイツ系ロシア人言語学者である。1897年に生まれ，1991年に亡くなっている。ほぼ 1 世紀に渡る生涯の中，彼は，少年時代には義和団の乱，日露戦争，第 1 次世界大戦といった戦争を経験し，長じて後はモンゴル語を始めとする，いわゆる「アルタイ諸語」の研究を手がけるようになった。「話し言葉」「書き言葉」の双方に興味をもち，古典語も手がけたため，その著作には文献学の範疇に入るものも数多く見られる[2]。

ここで取り上げようとするこの山吹色の本は，1967年にドイツの出版社から世に送り出されたものだが，この本には，以下のような一見奇妙な副題が添えられている。

a Mongolian Version of the *Lalitavistara*
（モンゴル語版『ラリタヴィスタラ』）

つまり，ポッペは，この *The Twelve Deeds of Buddha*（仏の12の行い），モンゴル語では Burqan-u（ボルハニー） arban（アルバン） qoyar（ホヤル） ǰokiyangγui（ソキヤンゴイ）が，『ラリタヴィスタラ』なるテキストのモンゴル語抄本である，と位置づけていることが分かる。

では，この『ラリタヴィスタラ』とはいかなる書物なのか。まずは，このテキストについて網羅的な解説が加えられている外薗（1994）[3]を参考に，簡単に説明を加えようと思う。

---

1)　現在の山東省煙台市に相当する地区。
2)　ニコラス・ポッペ 著・村山七郎 監修・下内充，板橋義三 訳，『ニコラス・ポッペ回想録』，三一書房，1990年，pp. 342-343.
3)　外薗幸一，『ラリタヴィスタラの研究』（上），東京; 大東出版社，1994年。

『仏の12の行い』の一部（folio 43v）

Asiatische Forschungen Band 23: The Twelve Deeds Of Buddha,
by Nicholas Poppe (Plates 43) より許可を得て転載

『仏の12の行い』の一部（folio 64v）
Asiatische Forschungen Band 23: The Twelve Deeds Of Buddha, by Nicholas Poppe (Plates 64) より許可を得て転載

I

仏伝『ラリタヴィスタラ』

『ラリタヴィスタラ』（*Lalitavistara*）は，サンスクリット語で記された大乗仏教経典のひとつで，ブッダの生涯を描いたものである。物語の原型ができたのは西暦150年頃といわれ，その後，増補改作を重ね，西暦500～600年頃，全27章からなる現在の形になった[4]。この仏典は，我が国ではあまり知られてはいないが，例えば，ネパールの仏教徒の間では今なお崇敬を受けている，いわば「現役」の経典でもある[5]。

また，その他の多くの仏教聖典同様，このテキストにも複数種言語による翻訳がある。本書で使用したものは，次のとおりである。

漢語によるもの	『普曜經』[6]
	『方廣大莊嚴經』[7]
チベット語によるもの	*'Phags pa rgya cher rol pa zhes bya ba theg pa chen po'i mdo*[8]

4)　外薗（1994），pp. 93-103.

5)　日本と同じく大乗仏教の信仰があるネパールでは，『ラリタヴィスタラ』は，『八千頌般若經』，『法華經』，『華厳經』，『十地經』といった経典とならんで「九宝」（Nine Dharmas）のひとつとして崇敬されている。（cf. R. Mitra, *The Lalitavistara*, Calcutta: Asiatic Society of Bengal, 1877, Introduction p.5）。

6)　T. 186　Ⅲ, 0483a16 ff, 訳者 竺法護（308年 訳）。

7)　T. 187　Ⅲ, 0539a2 ff, 訳者 地婆訶羅（683年 訳）。

モンゴル語によるもの　　*Qutuγ-tu aγui yeke-de čenggegsen neretü yeke kölgen sudur*[9)]

これらはいずれも「大蔵経」の一部 ── チベット語のものは「カンギュル（bKa' 'gyur）」，モンゴル語の方はそれに相当する「カンジュル / カンジュール（kanǰur / kanǰu'ur ）」 ── の中に含まれている。

さて，この『ラリタヴィスタラ』という表題は，むろんサンスクリット語なのだが，「遊戯の詳細」もしくは「広大なる遊戯」などと解釈できる。なぜ複数の見解が生じるのかというと，表題の後半の語「ヴィスタラ（*vistara*）」によるところが大きい。この語は「拡大，拡張」，「詳細」の２通りに解釈できるためである。こういった表題の解釈をめぐる問題に取り組む上で，しばしば漢訳テキストが助けとなるケースもあるが，この問題に関しては，それらもさほど役には立たない[10)]。一方，現存するチベット語訳とモンゴル語訳の題名はいずれも，「聖なる広大な遊戯という大乗経典」となっている。

さて，ではこの「遊戯」とは，いったい，どのような事柄を示しているのだろうか。外薗（1994）によると，この概念は大乗仏教の「空」の思想に基づくという。西谷啓治（1961）の見解[11)]や，菩薩の段階的な向上について解説するテキスト『十地経』[12)]を手掛りに，次のような解説

---

8)　P 763 Ku 1–246a5; D 95 Kha 1–216b7 訳者; Jinamitra, Dāna śīla, Munivarma, Ye shes sde（９世紀ごろ訳）。

9)　Ligeti Catalogue, Tome 61: Eldeb II, No. 850 （Ku 1–312a） 訳者: Samdan sengge（17世紀）。

10)　『普曜經』，『方廣大莊嚴經』のいずれも，「遊戯」にまつわる意味合いはみられず，「広大な輝き／荘厳さ」といったように解釈したと思われる。

11)　西谷啓治，「空と歴史」，『宗教とは何か＜宗教論集一＞』，東京; 創文社，1961年，pp. 239–315.
梶山雄一，『菩薩ということ』，京都; 人文書院，1984年，p. 134.

12)　『佛説十地經』[T 287 X, 535a22–574c16]。漢訳テキストは，唐代に尸羅達磨（*Śīladharma*）によって訳出された。修行者である菩薩が，そのレヴェルをあげていく過程を十段階に分けて解説している。

が見られる。

> ……「空」に徹するならば，すべての行為は執着なしに行われ，慈悲も「いわば無関心の慈悲」となる。……行為の結果にこだわることもなく，何らかの目的を意志して善行を行うものでもない。……仏陀としての生涯はすべて，神通無礙なる菩薩が衆生済度のためにこの世に現ずる変化身の生涯であり，それすなわち「菩薩の広大な遊戯」である[13]。

すでに「空」という，いわば世間的な価値観から脱却した境地を体得している菩薩にとっては，レヴェルアップを図るためには欠かせない「修行」すら，すでに結果を求めてなすものではなくなっている，という訳である。結果を求めず，自らの嗜好によって為しているだけのことだから，それはつまるところ「遊び」である。つまり，この『ラリタヴィスタラ』というテキスト名は，「悟りを拓き，生きとし生けるものを魂の安寧をもたらす」というきわめて崇高な「遊戯」に生きた人物の物語であることを示していると考えてよい。

さて，題名について長々と述べて来たが，この物語の主題自体はごく明確で，ブッダの生涯についての物語である。このようなタイプの仏典は，経典であると同時に文学と見なされる傾向にあり，我が国では「仏伝文学」と称される。物語の構成は，おおむね，菩薩が兜率天（とそつてん）と呼ばれる天界から白い象に乗って[14]母マーヤー妃の胎に宿り，ルンビニの園林で母の右脇から生まれ[15]，幸福な宮廷生活と王位を約束された人生を捨てて出家，「悟り」を得た後は多くの弟子や人々に教えを伝え，クシナガラという街で涅槃に入る，となっている。ただ，『ラリタヴィスタラ』

---

13)　外薗（1994），pp. 69–71.

14)　胎に宿る際，白い象に姿を変えて，マーヤー妃の夢に現れた，とする伝承もある。

15)　非常に少ないが，特に「右脇から生まれた」との伝承をもたない文献もある。

に伝えられるブッダの生涯の物語は，天界から降りてくる場面から，初めて他人に教えを伝えた「初転法輪」の場面までとなっている。

仏典経典研究の立場から，特にこのテキストについて注目される点は，初期大乗 ── 前述した，「北伝」経路で伝播した仏教思想体系の初期段階 ── の形態を示唆する要素を数多く含む点であるといわれる[16)]。その一例として，皇太子 ── このテキストでは，「サルヴァールタシッダ（*Sarvārthasiddha*）[17)]」と呼ばれている ── として生活していた時のブッダについての記述を見てみよう。

> さて，比丘たちよ，菩薩（サルヴァールタシッダ王子）は阿僧祇劫［といったはるか昔］より，長い時間にわたって，常に，他の人に導かれることはなかった。世間と世間を超越した，あらゆる法において，他ならぬ自らを師匠とした。……そして，長きにわたって，時期をわきまえ，時節を知る人であった。……神通力によって遊び戯れ……到来した時節を逃すことはなかった。彼は，神秘的な知性（神通智）をそなえており，まったく自身であらゆることを理解しているのだった[18)]。

ここには，存在について悩み苦しみ，ついにほとんど夜逃げ同然で世俗の生活を放棄した，感受性の強い青年貴族の姿はなく，あらゆるものを見透かしたような，常人ばなれした人物が描かれている。彼が宮廷生活に終止符を打ったのは，単に「その時期が来たから」にすぎない[19)]。さ

---

16)　石上善応（1964）によると，この『ラリタヴィスタラ』は，「初期大乗の形態に大きな示唆を与えていて再考察しなければならない要素」が数多く見られるテキストのひとつである（石上善応，「佛伝と佛伝文学」，『大正大蔵経通信』第39号（1964），pp. 2–3）。

17)　*Sarvārthasiddha*.「あらゆる目的を成就した人」，もしくは「一切への利益を成し遂げた人」との解釈ができる。いずれにせよ，広く知られているシッダールタ（*Siddhārtha*）の名は用いられていない。

18)　*tatra bhikṣavo bodhisattvo dīrgharātram asaṃkhyeyān kalpān upādāya satatasamitam aparapraṇeyo 'bhūt sarvalaukikalokottareṣu dharmeṣu svayam evācaryaḥ ... dīrghakālaṃ ca kālajño velājñaḥ ... ṛddhipādavikrīḍitaḥ ... prāptāṃ velāṃ nātikrāmati sma. so 'bhijñājñānabalena samanvāgataḥ svayam eva sarvaṃ jānāti sma.*（外薗（1998），p. 602）。

らに，このテキストは，「家庭人」としてのブッダを描くことを，極力避けているような気配すら窺える。例えば，皇太子であった頃のブッダにラーフラ（*Rāhula*　羅睺羅）という息子がいたことは広く知られるところであるが，『ラリタヴィスタラ』は，その出生について一切語らない[20]。

こういった「菩薩」のありかたを，表題にもある「遊戯」とも関連づけ，外薗は，このようにまとめている。

……修行に励み衆生済度に専心する菩薩の現在の活動は，時空を超えた「空」の智慧によって「遊戯」となる。……現実にある迷いや煩悩に拘泥することなく，しかも，それらの迷いや煩悩をめぐる日々の活動を「あそび」として遂行することになる。……「遊戯」とは，このように「自利利他相即（自己を救済することと他を救うことが表裏一体の関係となること）」の不可思議を実現する「神通」である。…

……この場合，菩薩はすでに「仏陀の智慧」をそなえているのであるが，成仏を延期している。……最高の智慧に基づく「慈悲心」こそ，この世に「変化身たる仏陀」を示現して，「遊戯神通」の活躍をなさしめるところのものである。……仏陀としての生涯はすべて，神通無礙なる菩薩が衆生済度のた

---

19)　以下は，王に暇乞いする際の，王子の発言の一部である。

そして彼（王子）は正面に立って，（父親である）王に告げた。
わたくしの邪魔をなさらないでください，また，お嘆きにならないでください。
陛下，［今こそ，］わたくしの旅立ちにふさわしいときなのです。
王よ，どうか王国や人々とともに堪えてください。
（*so ca sthihitva purato nṛpatiṃ avocat /*
mā bhūyu vighna prakarohi ma caiva khedaṃ /
naiṣkramyakālasamayo mama deva yukto /
hanta kṣamasva nṛpate sajanaḥ sarāṣṭraḥ //

S. Lefmann, *Lalitavistara* Erster Teil Tokyo: Meicho-Fukyū-Kai, 1977（Reprint of: Halle A. S.: Verlag der Buchhandlung des Waisenhauses, 1902, S. 199）。

20)　「ラーフラ」という人物名は出てくるが，ブッダのレクチャーの場に居合わせる大勢の阿羅漢のひとりとしてあげられているだけにすぎない。

めにこの世に現ずる変化身の生涯であり，それすなわち「菩薩の広大なる遊戯」である[21]。

つまり，このテキストで記されるブッダ像は，シャカ族の皇太子として生まれたときから，その精神はすでに「完成」していた，というものである。そして，大乗仏教では，このような概念は初期の段階から存在していた[22]。

例えば，初期大乗経典のひとつである『首楞厳三昧経』[23]にも，青年時代の釈尊について，以下のようなエピソードが記されている。

……良家の子よ，わたくしは（次のようなことを）知っております。
正しい菩提を得られた，尊敬すべき如来，シャーキヤムニ（釈迦牟尼）世尊が，（いまだ）菩薩としてシュッドーダナ王（浄飯王）の王宮におられ，おそばにはべるものたちのあいだでご自分のベッドに臥せっておられたとき，そのとき，夜のしじまの中を，ガンガー河の砂の数に等しいほど多くのブラフマー神が，東のほうからやってきました。そこで，彼らは（シャーキヤムニ）菩薩に，例えば，菩薩の道とか，声聞の道についてお尋ねすると，菩薩は彼らに対して，尋ねた質問に応じて，（適切な）解答を与えられました。
　すると，ひとりのブラフマー神が，菩薩に次のように申し上げました。
『大士よ，あなたはこのように（優れた）法についての知識を得ておられ，妨げられることのない智慧や説法への霊感をそなえておられながら，愛欲の享受や王位にもまたとらわれているということは不都合なことです』
そのとき，（シャーキヤムニ）菩薩が（救済のための）手段に通暁しているという徳性をおもちであることを知っていた他のブラフマー神たちは，次のように告げました。

21)　外薗（1994），pp. 70-71．文中の（　）は著者による補足。
22)　cf. 平川彰，「大乗の仏陀観と仏像の出現」，『勝又俊教博士古希記念論集　大乗仏教から密教へ』，春秋社，1981，pp. 25-49中 p. 39.
23)　丹治昭義 訳，「首楞厳三昧経」（長尾雅人・丹治昭義 訳，『維摩経・首楞厳三昧経』，東京; 中央公論新社，2002年）pp. 264-265.

『この良家の子は，愛欲の享受や王位を求めて家庭で暮らしているのではありません。このかたは衆生を成熟させるために家庭で暮らしているのです。このかたは別の世界で（はいま）も法輪を転じておられるのですが，この世界では菩薩の姿で現れてもいるのです』

なお，『首楞厳三昧経』は，中国から日本にかけて絶大な人気を博した『維摩経』とも共通する点が多い。これらのテキストはともに大乗経典としてはかなり古く，紀元100年前後に成立していた[24)]。つまり，比較的早い段階から，大乗仏教におけるブッダは，「悟り」を得る前，すなわち，王子として宮廷生活を送っていた時からすでに超越的な人格のもち主として描かれる傾向にあったといえよう。

一方，保守的な性格の強い，上座部仏教におけるブッダ像とは，例えばどのようなものなのだろうか。参考までに，上座部仏教経典のひとつである，『ディーガ・ニカーヤ』にある，臨終を間近に控えた時に語られた，ブッダの言葉を見てみよう。

スバッダよ。わたくしは29歳で善を求めて出家した。
スバッダよ。わたくしは出家してから50余年となった。
正理と法の領域のみを歩んで来た。
これ以外には，〈道の人〉なるものも存在しない[25)]。

ここで「スバッダ」と呼ばれている人物は，ブッダの臨終が間近との噂をききつけ，あわてて馳せ参じて来た遊行者である。少しでも教えを

24)　cf. 長尾雅人・丹治昭義（2002），441頁。
25)　中村元訳，『ブッダ最後の旅』，東京：岩波書店，2001年（初版発行 1980年），pp. 150-151。
ekūnatiṁso vayasā subhadda / yaṁ pabbajiṁ kiṁ-kusalānuesī //
vassāni paññāsa-samādhikāni / yato ahaṁ pabbajito subhadda //
ñāyassa dhammassa padesa-vattī / ito bahiddhā samaṇo pi n' atthi //
（*Mahāparinibbānasutta*, 5. 22. 27 in T.W. Rhys Davids and J. Estlin Carpenter (ed.), *Dīghanikāya* vol. II, London: Pali Text Society, 1966, p. 151.）

得たい，と願う彼に，ブッダは上のような言葉を聞かせたという。ここに描かれているのは，きわめて真摯な求道の果に「目覚めた人（ブッダ）」としての自覚を得た人の姿である。少なくとも，『ラリタヴィスタラ』をはじめとする大乗仏教経典に見られるような，青年期から世間を見透かすような視線をもって生きて来た人物ではない。少々乱暴な見解かもしれないが，大乗仏教——多様に分派しているため，ひとくくりにするのもむずかしいが——は，いわば絶対的な超越者としてブッダを崇拝対象と位置づけ，上座部仏教は，崇敬の対象であるとともに優れた模範的求道者としても見なしてきたといえるのではないだろうか。

いずれにせよ，大乗仏教は，とりわけ「崇拝・信仰」を重んじる傾向が強いことは確かといえるだろう。とりわけ，『ラリタヴィスタラ』については，絶対的な帰依（バクティ）を眼目の1つとし，かつ，ヒンドゥー教聖典として名高い『バガヴァット・ギーター』[26]との共通点も指摘されている[27]。

大乗仏教系の仏伝文学の中でも，『ラリタヴィスタラ』は，信仰を重んじる大乗仏教の発祥とその後の発展，また，周辺の宗教と仏教の関係を考察する上でも，注目されるさまざまな要素をそなえた作品といえるだろう。

---

26)　cf. 上村勝彦，『バガヴァット・ギーター』，東京：岩波書店，1966年（初版発行1992年），pp. 238–241.

27)　M. Winternitz, *Geschichte der Indischen Litteratur* Bd. 2, Erste Hälfte Die budhistische Litterature, Leipzig: C. F. Amelangs Verlag, 1913, S. 196.（邦訳：中野義照，『仏教文献』，和歌山：日本印度学会，1978年，p. 192.）

Ⅱ

「モンゴル語抄本」説の真偽

1 奥書からの問題提起

さて，冒頭にあげた「山吹色の表紙本」に話を戻そう。

ポッペは，この作品の中で，『仏の12の行い』なるモンゴル語テキストのローマ字転写，英訳，研究ノート，テキストの写真版，そして，このテキストそのものについての論考を発表している。彼の説によると，このモンゴル語テキストの成立は，14世紀，すなわち，元朝期である。ただし，この経典は完全な形では残されておらず，現在，我々が確認することができるのは，おそらくは3巻本でまとめられたものの第2巻目にあたる箇所のみである。そして，テキストを比較した結果，このモンゴル語テキストは，仏伝『ラリタヴィスタラ』の「抄本」であり，『ラリタヴィスタラ』の中では，皇太子時代のブッダが神々や仏たちから出家を促すメッセージを受け取る場面を描いた第13章から，成道を妨げようとする魔を退けた場面を描く第21章の内容に，ほぼ一致していると述べている。

だが，ここでひとつ，ごく単純な疑問が生じる。このモンゴル語テキストには，その底本であるはずの『ラリタヴィスタラ』という経典の名が一切残されていない。表題にはもちろん，奥書にも見当たらない。表題は，前述のとおり『仏の12の行い』であり，奥書には，次のように記されている。

> すばらしい『仏の12の所行』といわれる作品は，あまたのモンゴルの民が蒙を啓き，［彼岸に］到達するようにと，……菩薩の生まれをもつエセン・ティムル（Esentemür）皇后が熱心にたびたび要請されたことにより，法を照らし出す人の，その名もチューキ・ウーセル（Čoski odser（tib. Chos kyi 'od zer））と名高い，師の中の師たる，かの聖者が著されたチベット語の原本を，サキャ派の僧侶，シェーラプ・センゲ（Sesrabsengge（tib. Shes rab seng ge））が，仏の「発菩提心」から「結集」まで選出して書き出し，翻訳し，再び根本の経典などと照合して，モンゴル語に翻訳した[28)]。

原本については，チベット語の書物であるということが記されるのみで，具体的なテキスト名は伝えられていない。それに対して，原作者名と翻訳者名，それに，翻訳を依頼した人物については，具体的に記されている。まずは，先行研究の成果も照らし合わせながら，これらの点について情報を整理してみよう。

まず，原作者としてあげられているチューキ・ウーセルだが，この人物については不明瞭な点が多く，その所伝には混乱が見られる。

例えば，ジグメ・ナムカ（'Jigs med nam mkha'）が著した『モンゴル佛教史』には，チューキ・ウーセル（Chos kyi 'od zer），別名チューク・ウーセル（Chos sku 'od zer）なる人物についての記述が見られる。それによると，

---

28)　γayiqamsiγ burqan-u arban qoyar ǰokiyangγui kemegdekü üiles-i inü: olan mongγul irgen uqaqu tuγulaqu boltuγai kemen . . . bodistv iǰaγur-tai esentemür qong qiu-yin: ünen čing sedkil-iyer basa basa duradqan ögülegdegsen-iyer: nom-i geyigülügči-yin ner-e-ber inu: čoski odser kemen aldarsiγsan: baγsi-yin baγsi tere boγda-yin bayiγuluγsan töbedčin γoul bičig-i sakiliγ-ud-un toyin sesrab sengge burqan-u bodhi sedkil egüsügsen-eče terigüleǰü ǰarliγ quriyaγsan-dur kürtele čuqulidču γarγaǰu orčiγuluγad basa ber iǰaγur-un sudur kiged-lüge tokiyalduγulǰu mongγulčilan orčiγulǰu orusiγulbai :: : :: ［65a8—28］（奥書本文の一部）。
［Nicholas Poppe, *The Twelve Deeds of Buddha — A Mongolian version of the Lalitavistara. Monglian text, Notes, and English translation* —, Wiesbaden, 1967, pp. 11, 14-17.］

彼は元朝の第2代皇帝ウルジート・ハーン[29]（Öljeitü qaγan; 在位期間1294-1307），第3代皇帝フレグ・ハーン[30]（Külüg qaγan; 在位期間1307-1311）の両人に仕えた学僧であり，「パクパ文字」で知られるパクパ（'Phags pa, bLo gros rgyal mtshan; 1235-1280）とも接触があり，「チューク・ウーセル」の名は彼から与えられたという[31]。セルディンパ・ションヌ・ウー（gSer lding pa gshong nu 'od）という名の在家瑜伽（ヨーガ）行者の子で，その傑出した学才を認められ，後にハイシャン・フレグ・ハーンより「経部真言部を翻訳するように」との勅命を受けた，とある[32]。ただ，彼の生年については触れられていない。ちなみに，金岡秀友氏の著した『金光明経の研究』は，この勅令を，モンゴル語の「カンジュル」の編纂開始が，元朝期までに遡りうる証左のひとつとしている。

また，『青冊史（*Deb ther sngon po*）』にある所伝では，同じくセルディン

---

29) 廟号：成宗。世祖フビライの孫で，元朝の第2代皇帝。本名はテムル（Temür），1265年生。

30) 廟号：武宗。ウルジート・ハーン（成宗）の甥，元朝第3代皇帝。本名はハイシャン（Qaišan），1281年生。

31) ジグメ・ナムカ（'Jigs med nam mkha'）の『蒙古佛教史』には，幼少時より傑出した才能を発揮していたチューキ・ウーセル（「法光明」の意）に，「チューク・ウーセル（法身光明）」という名を与えたと伝えられている。

　それから後，法名をチューキ・ウーセルと名づけたが，有情の守護者であるパクパが，チューク・ウーセルという御名を与えられた。［拙訳］（de nas phyis rab tu byung ba'i mtshan chos kyi 'od zer du btags pa la / 'gro ba'i mgon po 'phags pas chos sku 'od zer du mtshan gsol /

　［橋本光寶（編），*'Jigs med nam mkhas mdzad pa'i hor chos byung*（『西藏文　蒙古喇嘛教史』），東京; 蒙藏典籍刊行會，1940年，p. 147: cf. 金岡秀友，『金光明経の研究』，東京; 大東出版社，1980年，p. 164, p. 193 注60］

32) cf. 金岡（1980），p. 164.

…… 一切智者であるチューク・ウーセル（チューキ・ウーセル）は，ウルジート・ハーンの供養処となり，かのハイシャン・フレグ・ハーンの御代にも王の供養処となられた。そして，かの一切智者に対し，ハイシャン・フレグ・ハーンは，「仏の説かれた経，呪（タントラ文献）などを，モンゴルの言葉（sog skad）に訳せよ」と仰せになったので ……［拙訳］（… kun mkhyen chos sku 'od zer des al-ji-thu rgyal po'i mchod gnas su bzhugs shing / de rje ha'i-sang-hu-lug rgyal po'i ring la yang rygal po'i mchod gnas su bzhugs pa ste / kun mkhyen de la ha'i-sang-hu-lug rygal pos sangs rgyas kyi bka' mdo sngags rnams sog skad du bsgyur cig ces zhus pas / …［橋本光寶（編）（1940年），p. 148.］）

パ・ションヌ・ウーの子で，甲戌（1214）年に生まれたとされる。また，『カーラ・チャクラ（*Kālacakra*; 時輪金剛）』と称される後期密教のテキストの大家であるという。ただし，こちらのチューキ・ウーセル（別名チューク・ウーセル）については，モンゴルとの関わりは述べられていない[33]。また，ハイシャン・フレグ・ハーンの在位年代を考えると，仮にその勅命を受けたとして，彼が93歳から97歳の間のこととなり，大量の仏典翻訳という大事業の責任者が務まるのか，多少疑わしくもある。

結論から言えば，やはり元朝期には「チューキ・ウーセル」との名をもつ，高名な学僧が少なくとも２人は存在しており，後にひとりの人物伝としてまとめられてしまったと考えるのが妥当であろう。つまり，時の皇帝から翻訳事業を命じられた「訳経僧」としての役割を果たした人物と，『カーラ・チャクラ』の学匠として名を馳せた人物が，比較的近い時代に活躍しており，その双方が混同された形で後世に伝わったと見なすのが，現時点では無理のない解釈と考えられる[34]。

さて，本書で取り上げるべきは，「翻訳家としてのチューキ・ウーセル」である。残された翻訳仏典の奥書から分かる範囲では，「もっとも

33)　cf. 福田洋一・石濱裕美子，『西藏仏教宗義研究』第四巻　――トゥカン『一切宗義』モンゴルの章――，東京：財団法人 東洋文庫，1986年，p. 73.

彼の弟子であるチューク・ウーセルは，セルディンパ・ションヌ，ウーキ・ベーパの子で，カシミールの大学匠（シャーキャ・シュリー・バドラ）が癸酉の年にカシミールに戻られた後の年である甲戌の年にお生まれになった。そのご生涯のあらましは，時輪金剛の教義のときに説いたので……

de'i slob ma bla ma chos sku 'od zer ni / gser sdings pa gzhon nu 'od kyi sbas pa'i sras / kha che paṇ chen chu mo bya'i lo la kha cher gshegs pa'i phyi lo shing pho khyi'i lo la 'khrungs pa de'i rnam par thar pa rags pa gsang 'dus rgyud lugs kyi skabs su bshad zin la / … ['Gos Lo tsa ba gZhon nu dpal, *Deb ther snogon po*（『青史』） vol. 2, 成都: 四川民族出版社，1984, p.33.]

34)　この点について，福田洋一，石濱裕美子の両氏による『西藏仏教宗義研究』第４巻も，チューキ・ウーセルは「一二一四年生まれのカーラ・チャクラの師匠」と「翻訳家」の両人が存在したと述べている。[cf. 福田・石濱（1986），p. 73.]

なお，嘉木揚凱朝氏による『モンゴル仏教の研究』にもチューキ・ウーセルについての考察が見られる。[嘉木揚凱朝，『モンゴル仏教の研究』，京都；法藏館，2004年，pp. 114–165.]

早くは一三〇五年，もっともおそくて一三一二年」[35]に翻訳事業に従事していた。これはつまり，ウルジート・ハーン在位期間からハイシャン・フレグ・ハーン，さらに第4代皇帝のボヤント・ハーン（Buyantu qaγ-an; 在位期間1311-1320）の時代に相当することになる。

ところで，モンゴル大蔵経の一部である「カンジュル」[36]の奥書にも，翻訳者名の筆頭として「ウイグル人のチューキ・ウーセル」の名が見られる[37]。17世紀に印行された現行のモンゴル・カンジュルに「唐突に現れた」ものとして，ウイグル人か否かといった点については真偽を疑う意見もあるが[38]，筆者には非常に興味深い記録であるように思われる。なぜなら，現存のモンゴル・カンジュルの資料には，古ウイグル語の形を借りたサンスクリット借用語が大量に確認されるからだ（この点については，後に章を改めて見ていくことにする）。

さて，次に，翻訳を依頼した人物についても見ておきたい。こちらについては，かなり情報が限られている。ハンガリーにおける中国学の創始者であるルイス・リゲティ（ラヨーシュ・リゲティ（Louis Ligeti / Lajos Ligeti, 1902-1987）もまた，ポッペに続いて『仏の12の行い』の研究成果を出しているが[39]，この翻訳を依頼した人物に関して，彼は「皇后」（qong qiu）

35) 福田・石濱，（1986），p. 74.

36) 「ガンジュール」ともいわれる。チベット語では「カンギュル（bKa' 'gyur)」と称される仏典群で，「律」と「経」を内容とする。チベットとモンゴル大蔵経は，この「カンギュル」，および「論」を収める「テンギュル（bsTan 'gyur)」から成る。なお，モンゴルでは「テンギュル」のことを「ダンジュル（Danǰur)」もしくは「ダンジュール （Danǰu'ur)」と称する。

37) それから続けて，ウイグルのチューキ・ウーセル （Chos kyi 'od zer） パンディタをはじめとする，2つの言語を話す人たちの能力をもつ人々が，経典［や］タントラのすべての仏典をモンゴル語に訳させて ……［拙訳］（tendeče ulamǰilan uyiγur-un chos kyi 'od zer paṇḍita terigüten qoyar kelen-i ögülegčid-ün erketü-nügüd ber sudur dandris-un qamuγ nom-ud-i mongγul-un kelen-dür or-čγuluγad . . . [Louis Ligeti, *Catalogue du Kanǰur mongol imprimé*, vol. 1, Budapest; Société Kőrösi Csoma, 1942-44, p. 333.]）

38) 福田・石濱（1986），p. 74.

の称号をもつと指摘する。ただし，この「エセン・テムル皇后」なる人物が，先にあげたエセン・テムル・ハーンの関係者であるかどうかについては，慎重な立場をとっている[40]。

また，モンゴル語訳者であるシェーラプ・センゲについても，不明な点が多い。ポッペ，リゲティともに，この人物については元朝期の人物で，おそらくはモンゴル人であるということ以上に，明確な事柄を言及するのを避けている。

ここまで，『仏の12の行い』の奥書に残されている人物について，先行研究を参考に概観してみたが，いずれも釈然としない点が残る。ひとまず，奥書の内容そのものを見直すと，以下の4点にまとめられるように思われる。

1. 原本はチューキ・ウーセル―「カーラ・チャクラ」の学匠とは別の，翻訳家―によるチベット語テキストである。
2. 「エセン・テムル皇后」という人物の要請により，シェーラプ・センゲというモンゴル人のサキャ派僧侶によってモンゴル語訳された。
3. テキストの内容は，ブッダの生涯のうち，「初菩提心」から「結集」までである。
4. 彼が使用した「根本の経典」の名称が明記されず，奥書の原文を見る限り，それは複数のテキストである可能性も考えられる。

これらのうち，『仏の12の行い』と『ラリタヴィスタラ』との関係に

39)　Louis Ligeti, *Les douze actes du Bouddha*, Budapest, 1974.
Lous Ligeti, 'La version mongole des douze actes du Bouddha', *Tibetan and Buddhist Studies* vol. 2 (1984), Budapest, pp. 7-76.

40)　Lous Ligeti (1984), pp. 11-12.

おいて，まず着目されるのは上記項目のうちの3番目である。なぜなら，少なくとも，現存する『ラリタヴィスタラ』は，ブッダが初めて教えを説いた場面を描く「初転法輪」で終わっており，「結集」――ブッダの死後，その教えを弟子たちが集まって編纂作業を行う場面――までは記されていない。さらによく原文を見てみると，ポッペは，奥書にある「結集」（ǰarliγ quriyaγsan）を，モンゴル語版『ラリタヴィスタラ』の最終章の題名である「結び」（ečüs quriyaqui[41)]）と同一視している可能性も考えられる[42)]。たしかに，この2語は類似していると言えなくもないが，決して同じはでない以上，この見解は疑問視しておく必要があろう。なお，『ラリタヴィスタラ』には，「発菩提心」（bodhi sedkil egüsügsen）に相当する章名は，存在しない。

次いで，4番の項目にあげたが，「根本の経典など（iǰaγar-un sudur kiged）」のくだりに見られる最後の語 kiged には，「～など」あるいは「～をはじめとするもの」という意味がある。この一語により，シェーラプ・センゲが，複数のテキストを使ってこの翻訳作業を行った可能性が想定される。

まずここまで見て，ポッペによって付けられた副題には，再検討の余地があるように感じられないだろうか。

2 先行研究の見解

ところで，なぜポッペは『ラリタヴィスタラ』を原典と位置づけたの

41) ［312b29］（Lokesh Chandra（ed.）. *Mongolian Kanǰur*, vol. 96（Śatapiṭaka Series, vol. 196）, Delhi : International Academy of Indian Culture, 1979より。以下，モンゴル語版『ラリタヴィスタラ』の引用は，すべてこの資料に基づくものとする。）

42) ） Poppe（1967）, p. 17.

だろう。まずはその論考を適宜抜粋しながら，見解の根拠を確認してみる。

…（前略）…しかしながら，（『仏の12の行い』の）モンゴル語テキストを，他の作品と比較すると，『ラリタヴィスタラ』を，少しばかり省略したものに他ならない。…（中略）…彼（チューキ・ウーセル）は，原典に記された多数の偈頌（韻文）と散文中の詳細な記述を省いて，『ラリタヴィスタラ』を省略したにすぎない。[43)]

次に，ポッペはその証左として，モンゴル語カンギュル──現存するものは，清朝期（17世紀）印行である──に収録されているモンゴル語の『ラリタヴィスタラ』と，『仏の12の行い』の類似箇所をあげる。

……驚いたことに，サムダン・センゲ訳の（モンゴル大蔵経にある）『ラリタヴィスタラ』は，散文，韻文の双方において，多くのくだりが，シェーラプ・センゲ訳の（テキストの中に）見られるもの文字通りの繰り返しになっているのだ。……[44)]

そうしてこの論考には，「紙面の都合により，すべてを記すことはできない」[45)]とした上で，3つほどの韻文が比較されている。以下に，その例をあげよう。まず，モンゴル・カンギュルにある『ラリタヴィスタラ』の一節を示す。『仏の12の行い』と比較するために，ポッペにならい，あえて原文を掲載する。

aburida itegel ügei amitan-i üǰeǰü
kkir ügei degedü bovadhi satuva qutuγ-i tegüs tuγulǰu :
amitan-u törüküi ötelküi ǰobalang-ud-ača tonilγasuγai kemen :

43)　Poppe（1967), p. 17.　括弧内の補足は筆者による.
44)　cf. Poppe（1967), pp. 17–18.　同上.
45)　Poppe（1967), p. 19.

γuyuluγ-a či yeke baγatur teyimü qutuγ-i erte urida :

次に，『仏の12の行い』の中より，それに相当する箇所をあげる。ただし，本書では右の文とは異なる箇所に，下線を引いておいた。

nasuda itegel ügei edeger amitan-i üǰeǰü
kkir ügei degedü qutuγ-i tegüs tuγulaǰü :
amitan-u törüküi ötelküi ǰobalang-ud-ača tonilγasuγai kemen
γuyulaγ-a či yeke baγatur teyimü qutuγ-i erte urida :

意味は，双方ともほぼ同じである。ただし，若干の差異と認められる点もあるので，それれらは括弧づけで示す。≪　≫内は大蔵経の『ラリタヴィスタラ』には記されていない箇所で，＜　＞は『仏の12の行い』には見られない部分である。また，それぞれの原文冒頭の単語は一致しないが，意味は両者ともほぼ同じものとして解釈することができる。

常に，寄る辺のない≪これらの≫[46)]有情を見て，
穢れなく，この上なく優れた＜菩薩の＞徳を完成し，
「有情の生・老の諸々の苦しみから解放しよう」と，
偉大なる勇者よ，汝は昔日，そのような誓願を立てたのだ。

たしかに，この2つの偈頌の意味は共通している。さらに，ポッペは他に2つほど同じようによく似た偈頌をあげている。だが，これらの例は

46) edeger 「これら」。チベット大蔵経の『ラリタヴィスタラ』と比較したところ，チベット語テキストには「これ」に相当する語が見られた（二重下線部分）。

rtag tu mgon med gyur pa' gro ba 'di mthong nas /
go 'phang mya ngan med mchog rdul med sangs rgyas te //
skye dang rga dang sdug bsngal dag las dgrol lo zhes /
dpa' bo khyod sngon smon lam de skad btab par gyur //［97b6-7］

つまり，この箇所に着目するなら，単数と複数の違いはあるものの，『仏の12の行い』のほうが，チベット語原典に近い可能性が示唆される。

はたして，本当に「原本と抄本」の関係を証明できるものなのだろうか。

これ以外に，ポッペは，両者の物語の筋書きの類似性をあげている。前述のとおり，現存の『仏の12の行い』は，『ラリタヴィスタラ』の第13章から21章の内容によく一致しているのは確かである。だが，換言すれば，類似するいくつかの偈頌と物語のおおまかな構成以外に，主立った根拠は示されていないのだ。ちなみに，彼の論考は，サンスクリット語の『ラリタヴィスタラ』原典にも，チベット語『ラリタヴィスタラ』にも，さしたる注意を払っている様子はない。『ラリタヴィスタラ』の内容は，フーコーのフランス語訳[47]と，モンゴル語による『ラリタヴィスタラ』で確認したようだ。

また，先にも少し触れたが，リゲティもまた，このテキストを扱っている。彼はまず，ポッペの行ったテキスト転写への訂正も含めた，新たな転写テキストを発表した[48]。次いで，『仏の12の行い』の底本にあたるテキストについても再検証を試みている[49]。チベット語にも造詣が深かった彼は，ポッペが参照しなかったチベット語の資料を駆使し，『仏の12の行い』の源泉についてより明確な根拠を求めようと苦心したようだ。チベット語版にはない偈頌がモンゴル語版『ラリタヴィスタラ』に記されており，一方，『仏の12の行い』にはその問題の偈頌が記されているという事実まで見いだしている（偈頌の具体例は，本書第3章であげる）。

実のところ，この発見は，モンゴル語仏典の成立を考える上で非常に大きな問題を提示しているといえよう。なぜなら，一般に，モンゴル語仏典，それも大蔵経に納められているものは，「単なるチベット語から

47)　Ph. Foucaux, *Le Lalitavistara*, Paris: E. Leroux, 1884.
48)　Louis Ligeti（1974）.
49)　Lous Ligeti（1984）.

の翻訳」と見なされているからだ。リゲティの発見したこのチベット語版『ラリタヴィスタラ』とモンゴル語版『ラリタヴィスタラ』の齟齬は，そういった定説を覆す要因になり得る。

だが結局のところ，リゲティの考察は，『仏の12の行い』とモンゴル語『ラリタヴィスタラ』との関係に収束されてゆく。彼は，チベット語版との違いを，モンゴル語版『ラリタヴィスタラ』の訳者が『仏の12の行い』を参考にした可能性を示唆するものと位置づけ，「モンゴル語版『ラリタヴィスタラ』の訳者は，『仏の12の行い』を参考にしたのだろうか」と述べている。つまり，ここでもポッペの説は容認されたことになる。

3 「第3のテキスト」の可能性

これらの先行研究を見る限り，『仏の12の行い』と『ラリタヴィスタラ』の関係についての考察は，いまひとつ釈然としないものが残る。いくつかの偈頌と物語のおおまかな構成が似ているというだけで，はたして，原典と抄本の関係性が明らかになるものなのだろうか。

ここで，両者の関係を問い直さざるを得ない，ひとつ大きな問題点を提示しておきたい。『仏の12の行い』と，『ラリタヴィスタラ』には，先行研究の述べるとおり，たしかに共通する要素がある。だが，実はまったく一致しない点もまた，少なからず存在しているのだ。以下に，例をいくつかあげてみよう。

仏教経典の例にもれず，『ラリタヴィスタラ』にはたいそう多くの偈頌（韻文）が見られる。ポッペやリゲティは，その中から「類似点」を見いだしたが，本書はあえて，「不一致」——つまり，仮に「抄本」たる『仏の12の行い』の原典が『ラリタヴィスタラ』であるとして，その

「抄本」が原典に出典を求めることのできないものを示すことから始めたい。

ここでは特に『ラリタヴィスタラ』第13章の中から抜粋してみる。この箇所では，仏教でいう「六波羅蜜」――菩薩として実践せねばならない，「布施」「戒」「忍辱」「精進」「禅定」「智慧」の6つの徳目――をテーマに，皇太子である菩薩の前世の行いを評価し，かつ出家を促す偈頌が延々と続いている。『仏の12の行い』では，第6章の一部，すなわち，現存テキストの冒頭から半ばにまで相当する。重ねていうが，おおまかな内容的は両テキストとも，よく一致している。だが，注意深く読んでいけば，明らかな差異も見えてくる。まずは，『仏の12の行い』の第4偈にあたる偈頌から見てみよう。

布施における勇者たる貴方は，チャンドラプラバをはじめとし，
ヴィシュヴァンタラという名の王に生まれたとき，
棄てがたき，頭［や］妻子など，
親愛［の気持ち］からいとおしく思うものをも，惜しみなく棄てた。[50)]

ここで着目したいのは，「ヴィシュヴァンタラ」なる人名である。この王の物語は，ブッダの前世譚のひとつとして有名で，インド北西部から中央アジア一帯にかけてもたいそう人気を博した。保守的な伝統を保つ上座部仏教のテキストにも伝えられ，「もっとも長いブッダの前世物語（本生譚（ジャータカ））」としてジャータカ集成の最終に置かれている[51)]。まずは，物語のあらましを紹介しよう。

---

50)　öglige-dür baγtur či čandir-a birabi kiged tegünčilen ::
visvantari neretü qaγan bolun törügsen-dür-iyen
tebčiküy-e berke terigün em-e kübegün terigüten :
nay-ača qayiralaγdaqui-yi ber qayiralal ügei tebčilüge :: / / 4/ / ［3a9―16］

51)　*Vessantarajātaka*　(J. 547)［ Fausbøll, *The Jātaka: together with its commentary* vol. 6, London: Pāli Text Society, 1964, p. 479 ff. ］

ヴィシュヴァンタラは，王子であった頃から貧窮者への布施に熱心なあまり，王宮の莫大な財産を浪費したとして家臣からも反感をかい，宮廷から追放される。そこで妃と子供とともに森での遊行生活に入ったが，そこでも彼は，信念をまげることなく，布施をし続けた。そのあまりの熱心さに，ある日，帝釈天がバラモンの姿となって現れ，彼に，「布施」として家族を差し出すよう要求する。懊悩の末，彼は，バラモンに妻子を与えた。その専心ぶりに満足した帝釈天は，彼に家族を返し，王宮生活にも戻れるように計らった。

上に示した『仏の12の行い』中の詩文は，このような仏の前世について言及しているわけだが，『ラリタヴィスタラ』に，この王の名は出てこない。『仏の12の行い』が，『ラリタヴィスタラ』の抄本であるなら，なぜこのようなエピソードが入り込むのだろうか。こういった疑問に対して，もっともシンプルな仮説は，「第3のテキスト」の存在である。つまり，『仏の12の行い』の底本として『ラリタヴィスタラ』だけを考えるのではなく，他のテキストの影響も想定してみることだ。

例えば，ブッダの前世の物語を集めたアーリヤ・シューラ（Āryaśūra）による『ジャータカ・マーラー』[52]には，第9話として，「ヴィシュヴァンタラ王子本生譚」が収められている。このテキストの原本はもちろんサンスクリット語で著されており，散文と韻文を組み合わせた特徴的な

52) *Jātakamālā* 第9章 *Viśvaṃtarajātaka*（cf. Hendrik Kern（ed.), *The Jātakamālā or Bodhisattvāvadānamālā by Āryaśūra*, Boston : Published for Harvard University by Ginn , 1891, pp. 51-67（日本語訳: 干潟龍祥，高原信一（訳），『ジャータカ・マーラー <本生譚の花鬘>』，東京：講談社，1990年.）

Āryaśūra, Jutsin Meiland（trans.), *Garland of the Buddha's past lives* vol.1, New York: New York University Press, 2009.

作者のアーリヤ・シューラが活躍したのは4世紀以前と見なされている。ただし，詳細は分からない。［cf. M. Hahn, *Das Datum des Haribhaṭṭa, in: Studien zum Jainismus und Buddhismus*, Wiesbaden, 1981, S.107-120.

M. Hahn, `Vorläufige Überlegungen zur Schulzugehörigkeit einiger buddhistischer Dichter', *Zur Schulzugehörigkeit von Werken der Hīnayāna-Literatur*, Erster Teil, Göttingen,1985, S.239-257. ］

形式（「チャンプー」と呼ばれる）が用いられ，文学作品としても名高い。また，このテキストは，『仏の12の行い』と同じく，元朝時代にモンゴル語訳があったとの指摘もみられる[53]。

また，次の例は『仏の12の行い』第14偈である。ここにも，『ラリタヴィスタラ』に源泉を求めることのできない要素が見られる。

バラモンとなった時，樹の葉の数を把握して，
間違いなく［数を］知って，朋輩を愉しませた。
マハー・ボーティとなった時，王をはじめとする朋輩を，誤った行いから立ち返らせ，
真実の行いに結びつけたのだ，貴方は。[54]

前半の「木の葉の数を知るバラモン」という内容に着目しよう。『ラリタヴィスタラ』には一見，これによく類似する記述が見られる。

昔々，樹［下］の住まいに，シュヤーマ仙人［であった貴方］がやって来ると，
ルチは言った；「この樹の葉がいくつあるか，数えてごらん」
その樹の葉がいくつか，正確に数え，分かったので，
［シュヤーマ仙であった］貴方は，そのまま，［事実と］等しく口にした。[55]

ところで，「友の頼みに応じて，生えている木の葉の数をいい当てる」というモチーフから見ると，これと類似する物語が，『密迹金剛力士會（みっしゃくこんごうりきしえ）』[56]という聞き慣れないテキストにも見られる。昔，ブッダがシュ

53) Shongqur + Matsukawa（双福 + 松川節），≪ *Ülemǰi degedü törül-ün ündüsün* ≫*-ü sudulal*（『诞化世传』研究），Köke hota（呼和浩特）：内蒙古教育出版社　2002年.

54) biraman boluɣsan-dur-iy[a]n modun-u nabčin-u toɣan-i :
bariɣad endel ügegüy-e medeǰü nökür-iyen bayasqabai :
maq-a bodi boluɣsan-dur-iyan qaɣan terigüten nöküd-i
buruɣu üǰel-eče qariɣuǰu ünen üǰel-dür barilduɣululaɣ-a : či[:]//14//[4b1—8]

ヤーマという名のバラモンとなって生まれた時，彼は生い茂るニャグローダの樹の葉の数を瞬時に認識し，その樹の下に住まいしていたルチという名の仙人に乞われるまま，数をいい当てた，という内容である。岡田（1994）[57]によると，このタイプの物語を伝えるテキストは限られており，仏教説話としては希少なものであるようだ。また，この「数を瞬時に認識する」という一種の異常な能力は，古代インドでは非常に高い知性の現れと見なされるものであったらしい[58]。

さて，『仏の12の行い』も，『ラリタヴィスタラ』も，この珍しい「数を知る賢者」の物語に基づく偈頌を記しているテキストであることは認められるとして，再検討したいのは，その記述内容である。『仏の12の行い』では，数を知る人物については，単に「バラモン」と記されている。また，「シュヤーマ」や「ルチ」といった具体的な人名は見られな

---

55) 【tib.】gna' sngon shing gi gnas su drang srong sngo bsangs drung 'ongs te //
'dod pas smras pa shing 'di lo ma du yod grangs shes byas //
shing de lo ma ji snyed yod pa rab bgrangs rab mkhas pas //
khyod kyis de bzhin nor ba med cing 'thun par tshig tu brjod //32// [99a5—6]

【skt.】*syamu ṛṣi upagatu puri drumanilaye*
ruci bhaṇi taruruha kati ima gaṇaye /
suvidita sugaṇita yatha tahi kiśalā
tatha tava avitatha samagira ravitā //32// [外薗（1994）, p. 616, l. 7—10] （ ）内は筆者.

【mong.】erte udida oi modun-dur sayam-i arsi-yin derged iregsen :
ene modun-u nači kedüi toγatan bui ögür medemüi : kemen duranber ögülegsen-dür :
tere modun-u nabči kedüi bükü-yi sayitur toγulaγad medegsen-ü tula :
tegünčilen endegürel-ügei adali üges-i ögülelüge či ［124a25—31］
（岡田訳：「汝はそのとおり誤ることなし」等き（< *sama“正しい”？）言葉と証明された。）

56) T 312 vol. 11 法護 訳。チベット語訳：［P760(3), D 47］*'Phags pa de bzhin gshegs pa'i gsang ba bsam gyis mi khyab pa bstan pa zhes bya ba thegs pa chen po'i mdo*, Trans. by Jinamitra, Dānaśila, Munivarman, and Ye-shes-sde（*The Nyingma Edition of the sDe dge bKa'-'gyur and bsTan-'gyur*, vol.15 (dKon brtsegs), USA: Dharma Press, 1981).

57) 岡田真美子，「大樹の葉数を知る智者の物語」，『神戸女子大学紀要』第27巻１号 文学部篇（第２分冊）（1994），pp. 71-86.

58) 岡田（1994），pp. 74-75.

い。一方，『ラリタヴィスタラ』の韻文には，シュヤーマなる人物は仙人として伝えられているように見える。

もしも，『ラリタヴィスタラ』が『仏の12の行い』の唯一の底本であるとするなら，この数を知る異能のもち主を仙人ではなく，わざわざ「バラモン」といい換えるのは不自然である。ここで，この箇所は直接『ラリタヴィスタラ』から引いたというよりも，『密迹金剛力士會』に見られる賢者の物語，もしくはそれに類する記述に基づいて記された可能性が浮上する。

さらに，この偈頌の後半を見ると，『ラリタヴィスタラ』との大きな違いが見いだせる。前掲の第4偈同様，詩文中の人物名，つまり，「マハー・ボーディ」という人名もまた，『ラリタヴィスタラ』第13章には見られないのだ。

再び，アーリヤ・シューラの『ジャータカ・マーラー』を見てみよう。そこには，第23話として，その名も「マハー・ボーディ本生譚」[59]という物語が収められている。物語のあらましは，次のようなものである。内容としては，ここで問題としている箇所にほとんど合致しているといえるだろう。

> 遊行者マハー・ボーディ（ブッダの前世のひとつ）は非常に見識の優れた人物であったが，ある日，とある国の王に気に入られてしばらく王宮に滞在することになる。しかし，そのうちに，王の側近たちに妬まれるようになったため，再び遊行生活に戻る。遊行生活でさらに慈悲深い人格になった彼は，一度は恩のある王が側近等に惑わされるのを憂い，再び王宮に姿を現し，巧みな方法を用いて王はもちろんのこと，邪な側近等も含め，正しい見解に導いた。

59)　*Jātakamālā* 第23章 *Mahābodhijātaka*［Kern（1891），pp. 142–155］.
他に，上座部仏教に伝わる *Jātaka* 第483話や *Jātakanidānakathā* も関連話としてあげられよう。

ここまで，『仏の12の行い』にある2つの詩文をめぐって，『ラリタヴィスタラ』との関係を問い直す必要性を示してみた。おそらく，読者諸氏にも，例えば『ジャータカ・マーラー』をはじめとする，複数のテキストの要素が流れ込んでいる可能性が見えて来たのではないだろうか。むろん，ここであげた「第3のテキスト」が必ずしも『仏の12の行い』に直接用いられたものかどうかは，分からない。ただ，『仏の12の行い』は，単なる『ラリタヴィスタラ』の抄本ではないらしい，ということが予想されてきたことと思う。

実のところ，『仏の12の行い』と『ラリタヴィス』の齟齬は，偈頌内容の不一致だけではない。次章では，これらのさらなる違いに着目し，両テキストの関係性について検討してみよう。

III

物語の‘嵌め木細工’

1 菩薩の家族構成

『仏の12の行い』と『ラリタヴィスタラ』の物語をていねいに比較していけば，先にあげた偈頌の問題だけでなく，より大きな食い違いに気づく――両テキストの間では，一部ではあるが，登場人物が異なっているのである。それも，ブッダの家族構成まで不一致がみられる。本章では，この登場人物をめぐる問題に重点をおいて論じてみようと思う。

まだ宮廷生活を送っていた頃のブッダ――これより本文中では，原テキストに合わせて「菩薩（*Bodhisattva*）」と呼ぶことにしよう――には，妻がいた。この点については，ある程度，世に知られている。だが，その人数とメンバーには，少なくとも２つの「異説」がある，と聞けば，少し驚かれる向きもあるのではないだろうか。菩薩には，複数の妻がいたとする説もあるのだ。事実，『仏の12の行い』でも，２名の妻が登場している。具体的に見てみよう。

菩薩がいよいよ宮廷生活の放棄を考え始めたとき，妻たちは，ともに不吉な夢を見る。以下は，そのくだりである。菩薩には，「ゴーパカー」と「ヤショーダラー」の２人の妻がいることが見て取れる。

そうするうち，太子と同じ寝床にいたゴーパカーは，夢の中に，大地が揺れ，髪が切れるなどを見て，心配して……[60]

ヤショーダラーも夢を見るに，歯が抜け落ちる，月が天［から］地に落ちて星が上にある，などを夢見て思うに，「愛しく，すてきな私の主から離れる苦しみが起こるのだろうか」と恐れて狼狽して……[61]

では，『ラリタヴィスタラ』の方は，どうだろうか。このテキストでも，菩薩の出家に先立ち，妻は悪夢に悩まされている。ただし，妻とされる女性は「ゴーパー」ただひとりだけである。

ゴーパーと太子がひとつの寝床に居る間，真夜中に，ゴーパーはこれらの夢を見た。
この大地全体が，頂もてる山もろとも揺れ動き，木々は風に揺すぶられ，根こそぎとなって地面に倒れた[62]

「ゴーパカー」と「ゴーパー」の夢の内容は，よく似ている。また，モンゴル語テキストの「ゴーパカー」は，チベット語（Sa 'tsho ma）をサンスクリット語の形に還元したものと見られるため，おそらくこの点に関しては，『仏の12の行い』と『ラリタヴィスタラ』の関係性は支持される。しかし，『ラリタヴィスタラ』において，ヤショーダラーが登場しない点は，注意しておきたい。

もっとも，ここにあげた『ラリタヴィスタラ』の訳は，現存するチベット語テキストに基づくものであり，その原典にあたるサンスクリッ

60) teyin atala nigen čaγ-tur kübegün-lüge nigen orun-dur bükü gopika-yin ǰegüdün-dür γaǰar ködelküi : öber-ün üsün-iyen isüküi terigüten-i ǰegüdüleǰü : sedkil-tü bolǰu . . . ［11a19―25］（Poppe（1967），p. 118）.

61) yasodari ber ǰegüdüler-ün : sidün-iyen unaγdan : sar-a tngri köser-e unaǰu : odud okilalduqui terigüten-i ǰegüdüleǰü bür-ün sedkir-ün : amaraγ sayin eǰen-ečegen anggiǰiraqui ǰobalang bolqu bolbaγu : kemen ayuǰu mengdeǰü . . . ［12a1―8］（Poppe（1967），p. 119）.

ト語テキストが現存している形に落ち着くまでに，おそらく何度かの増補改作が行われている。そして，そのテキストに先立つ形を留めている可能性のあるものとして，看過できないのが漢訳テキストである[63]。そこで，前節にもあげた『普曜經』と『方廣大莊嚴經』も見ておこう。

まず，『普曜經』だが，こちらには，菩薩の出家に先立つ妻の悪夢に関する記述そのものが見当たらない。ただ，「倶夷」（ゴーパー）という名の妻がひとりいること，そして，菩薩が宮殿を去る前，彼女が漠然と不安にかられている様子が描かれている。

> ……時に，ゴーパー妃は，気が滅入ってしかたがなかった。まるで人物画のようにじっと横になるが，よく目をさましてしまい，寝付かれず，ただ寝室でぼんやりと物思いに耽っていた。「わたくしは，捨てられるのではないかしら」[64]

---

62)　本書では，モンゴル語仏典にもっとも影響を与えうるものとして，『ラリタヴィスタラ』のテキストはチベット語のものを主においている。ただし，サンスクリット原本とモンゴル語『ラリタヴィスタラ』の記述も併記し，何らかの問題が見いだせる場合は，併せて指摘する。

【tib.】 sa 'tsho ma dang rgyal bu mal gcig na ni nyal zhing 'khod pa'i tshe //
nam phyed tsam na sa 'tsho ma yi rmi lam du ni 'di dag rmis //
sa 'di thams cad rtse mor ldan pa'i ri dang bcas te g-yos par gyur //
shing ljon rnams kyang rlung gis bskyod nas rtsa nas 'thon te sa la sgyel// ［140a3—5］

【skt.】 *ekasmiṃ śayane sthite sthitam abhūd gopā tathā pārthivo*
gopā rātriyi ardharātrasamaye svapnān imāṃ paśyati /
sarveyaṃ pṛthivī prakampitam abhūc chailā sakūṭāvatī
vṛkṣā māruta-eritā kṣiti patī utpāṭya mūloddhṛtāḥ // ［外薗（1994），p. 686, l. 17—20］

【mong.】 köbege-lüge kübegün nigen orun-dur kebteǰü büküi čaγ-tur
söni düli-yin čaγ-tur köbege-yin ǰegüdün-dür edeger ǰegüdüler-ün
ene delekei bügüde üǰügür-ten aγulas selte ködelküi
oi modun ber kei küdelgegdeǰü iǰaγur-ača γarču γaǰar-tur unaqui :［143a2—8］

63)　cf. 外薗（1984年），p. 96 ff.
従来より，『ラリタヴィスタラ』の成立過程は，漢訳テキストも含め，総合的に考察されてきている。

64)　時妃倶夷無増減心。臥画像常覺寤初不睡眠。在於燕室寂莫思惟。將無捨我耶。［T 186 Ⅲ 502a20-22］。

一方，『普曜經』よりも後に訳された『方廣大荘嚴經』の方では，妻「耶輸陀羅」（ヤショーダラー）が菩薩の出家前に夢に悩まされている。また，こちらのテキストが伝える妻は，彼女ひとりである。

> そのとき，（父シュッドーダナ王と同じく，）ヤショーダラーも20種の怖ろしい夢を見た。すぐさま目覚めて驚き懼れ，我を失った。菩薩は問いかけた。「何を怖がっているのだね。」ヤショーダラーは涙ながらに語った。「太子さま。たった今，わたくしはすべての大地が揺れ動いているのを夢に見ました。……また，若者が手に武器をもつて，四方に馳せてゆくのを見ました。太子さま，このようなことを夢に見て，わたくしの心はとても不安なのです[65]。」

漢訳テキストを取り上げたものの，肝心の妻の名が一致せず，事態はますます複雑になってきたかに見える。ひとまず，ここまで見て来た妻の名と人数について，整理しよう。

『仏の12の行い』……妻２名（ゴーパカー（＝ゴーパー），ヤショーダラー）
『ラリタヴィスタラ』……妻１名（ゴーパー）
『普曜經』……妻１名（ゴーパー）
『方廣大荘嚴經』……妻１名（ヤショーダラー）

従来，菩薩の妻の数については，「ひとりとするものと３人とするものがある」[66]との研究結果があるが，『仏の12の行い』は，そのどちらにも

65)　是時耶輸陀羅亦夢二十種可畏之事。忽然覺悟中心驚悸惶怖自失。菩薩問言。何所恐懼。耶輸陀羅啼哭而言。太子。我向夢見一切大地周遍震動。……復見壯士手執器仗四方馳走。太子。我夢如是心甚不安。……［T187 Ⅲ 571c16-572a5］。

66)　森章司，本澤綱夫，岩井昌悟（編）『原始仏教聖典資料による釈尊伝の研究』【3】資料集篇 II, 東京：中央学術研究所，2000年, pp. 53，55.

あてはまらない[67]。ただ，この結果を見る限り，ともすれば，『仏の12の行い』は，『ラリタヴィスタラ』・『普曜經』と，『方廣大莊嚴經』の設定を折衷したものであるかに見えなくもない。たしかに，『仏の12の行い』が元朝期に訳されたテキストである以上，これらの漢訳テキストの影響を排除するのは早急であろう。ここでは，妻をめぐる謎はひとまず措くとして，もうひとつの問題について検証をすすめてみよう。

前述したとおり，『ラリタヴィスタラ』には，息子ラーフラの出生については，何ひとつ記されていない。その点については，『普曜經』も『方廣大莊嚴經』も同じである。だが，『仏の12の行い』の方には，ラーフラが菩薩の子であると，明確に記されている。

> そのとき，菩薩が［宮殿を］出たその夜なのだが，ラーフラ・バドラが母の胎に入った[68]。

この「ラーフラ・バドラ」とは，ラーフラの別称である。「幸いなるラーフラ」といったような意味で，ひとつは釈尊の子息として生まれたこと，もうひとつは法眼[69]をそなえたことからついた呼び名であるという[70]。上座部仏教のテキストでも認められている呼称だから，比較的旧いものと考えてよいだろう。いずれにせよ，ここで「バドラ」がついているからといって別人を想定する必要はない。つまり，漢語訳も含めた『ラリタヴィスタラ』系統のテキストとは違い，『仏の12の行い』では，出家前の釈尊に息子がいたことがはっきりと記されていることが分かる。

このような不一致は，実のところ，家族についての記述に留まらな

67)　もっとも，現存する箇所は「おそらくは3巻本であった中の第2巻目」のみだから［Poppe（1967），p. 17］，未発見の箇所にもうひとりの妻が存在する可能性は残されている。

68)　tere čaγ-tur bodistv-un γarqu tere söni büged raquli badir-a : eke-yin umai-dur orubai :［24a5—8］

69)　あらゆるものの真相を理解するという「智慧の眼」のこと。

い。しかしながら，紙面に限りがあるため，例はもうひとつだけにしよう。比較的よく知られている「乳粥供養」の場面である。

2 供養者の娘

宮廷生活を捨て求道生活に入った菩薩は，6年間に及ぶ激しい苦行を行った。極端な断食の果に，すっかり衰弱してしまった彼に，食事を与えた女性がいた。その場面を，『仏の12の行い』は，このように語り伝えている。

また，まさに［菩薩が］苦行をしているとき，村人であるナンダーとナンダバラーという名の娘らが，毎日，800人の婆羅門たちにお斎を差し上げて，「わたくしの食事を食べたことによって，［菩薩が］無常正等覚たるブッダになりますように」と願をかけていて……乳粥を黄金の器に満たして，礼拝し，［菩薩に］召し上がるようにお願いすると，菩薩が仰るには，「娘よ，あなたの食事をわたくしは受け取りました。……」[71)]

70) ラーフラ自身が詠んだ偈頌として，次のようなものが伝えられている。

わたくしに，ラーフラバドラという名がついたのは2つの理由による，と［人々は］知る。

［それは，］わたくしがブッダの子であること，そして法眼をそなえていることである。［拙訳］

（*ubhayen' eva sampanno rāhulabhaddo 'ti maṁ vidu,*

yañ c' ambhi putto buddhassa, yañ ca dhammesu cakkhumā //295//

Hermann Oldenberg and Richard Pischel (ed.), second edition with appendices by K. R. Norman and L. Alsdorf, *The Thera- and Therī-Gāthā*, London: Published for the Pali Text Society, LUZAC & COMPANY, LTD., 1966, p. 35.

71) basa mön qataγuǰiqui čaγ-tur sildegen-ü kümün nandi nandibali ner-e-ten ökid edür-tür naiman ǰaγun biraman-nuγud-ta čai bariǰu minu idegen-i idegsen-iyer : deger-e ügei ünen tegüs tuγuluγsan burqan bolqu boltuγai kemen qutuγ γuyuγsan aǰuγu : ... sütü amusun-i altan saba-dur dügürgeǰü mörgüǰü idegül-ün öčigsen-dür : bodistv ögülerün : ökin-e idegen-i činu abuluγ-a bi :［43a3—44a7］

このテキストでは，供養者として「ナンダー」，「ナンダバラー」という名の2人の娘がいたことが伝えられている。ところで，ブッダの伝記に少しでも触れたことのある読者の中には，これれらの馴染みのない人物名に，困惑された方もいるかもしれない。

実のところ，前述の妻の場合と同じく，供養者についても，おおまかに見て3通りの所伝が残されている。ひとつは，右に示したタイプ，すなわち，ナンダーとナンダバラーの両者をあげるもの，もうひとつはナンダーのみを供養者とするもの，さらにいまひとつは「スジャーター」ひとりを供養者として伝える系統である[72)]。一般に広く知られるのは，これらの中の3つ目のタイプではないだろうか。

ところで，『ラリタヴィスタラ』はどのグループに入るのだろうか。

> さて，比丘たちよ，村長の娘スジャーターは，蜜入りの乳粥で満たされた黄金の鉢を菩薩に捧げた[73)]。

つまり，『ラリタヴィスタラ』は，スジャーターただひとりを供養者とするテキストであることが見て取れる。次に，念のため関連する漢訳テキストの方も見ておこう。『普曜經』の方は単に「長者の娘」とだけ伝え，『方廣大莊嚴經』では「善生」，すなわち，「スジャーター」となっている[74)]。

各テキストの供養者の名を整理すると，

---

72) cf. 森章司，本澤綱夫，岩井昌悟（編），（2000年），pp. 85-87.
　供養者の具体的な名前をあげずに，「ひとりの娘」あるいは「2人の娘」とのみ記載するテキストも見られる。いずれにせよ，共通点は「若い村の娘」であるといえる。

73) 【tib.】 . . . dge slong dag de nas（de dag） grong pa'i bu mo legs skyes mas 'o thug sbrang rtsi can gyis gser gyi snod chen po bkang ste byang chub sems dpa' la phul lo //［149b7—150a5］［D. Kha 132b1—2］
【skt.】 . . . *atha khalu bhikṣavaḥ sujātā grāmikaduhitā suvarṇamayīṃ pātrīṃ madhupāyasapūrṇāṃ bodhisattvasyopanāmayati sma //*［Lefmann 268. 21—22］
【mong.】 . . . ayaγ-q-a tekimlig-üd-e tendeče siltegen-deki suǰati ökin bal-tu sün amusun-iyar yeke altan saba-yi dügürgeǰü bodhi satuva-dur lab ögbei ::　［193b8—11］

『仏の12の行い』：　ナンダー，ナンダバラーの２人
『ラリタヴィスタラ』：　スジャーター
『普曜經』：　個人名なし（「村長の娘」）
『方廣大莊嚴經』：　スジャーター（「善生」）

この事項については，『仏の12の行い』と『ラリタヴィスタラ』系統のテキスト——つまり，『ラリタヴィスタラ』とその漢訳テキスト——は，完全に異なっていることが分かる。供養者に関する記述を見る限り，両者が別系統のテキストであることを示しているとすらいえるだろう。

ここまで，妻や息子，供養者といった，物語上のキーパーソンに着目してみたが，結果として，やはり『仏の12の行い』は『ラリタヴィスタラ』を単純にまとめたものではないことが見えてくる。ポッペやリゲティの述べるとおり，おおまかな物語の構成という点から考えれば，たしかに，『ラリタヴィスタラ』とは何らかの関連性があることは否めない。両者の物語の筋書きが似通っていることは事実だし，また，なによ

74)　『普曜經』：時有丘聚名曰修舍慢加。有長者女。日日飲食八百梵志。見知菩薩造勤修行。……時修舍慢加村落長者女。與諸梵志奉美乳糜。詣菩薩所。稽首足下右遶三匝。以賓乾水灌菩薩手。以美乳糜進奉上之。菩薩愍哀女故輒受食之。[Ⅲ 511c23—512a24]。

（そのとき，修舍慢加と云う名の村があった。村長の娘は，毎日800人の婆羅門に食事を与えていた。菩薩が修行に努めているのを見知って，……そのとき，修舍慢加村の長の娘は，婆羅門たちとともに立派な乳粥を捧げて，菩薩を訪ね，足許に礼拝して３度右繞した。賓乾にて（?）菩薩の手を濯ぎ，その上に立派な乳粥を奉った。菩薩は娘を哀れに思って，その食事を受けることにした）「修舍慢加」の梵名と，「賓乾」の意が不明。

『方廣大莊嚴經』：菩薩苦行已來優婁頻螺聚落主。名曰斯那鉢底。有十童女。……十童女中其最小者。名曰善生。……時善生女即以金鉢盛滿乳糜持以奉獻菩薩受已作是思惟。食此乳糜必定得成阿耨多羅三藐三菩提。[Ⅲ 583a23—c19]。

（菩薩は苦行を終えて，優婁頻螺（*Uruvilvā*）にやって来た。村長の名は斯那鉢底（*Senapati*）と云ったが，娘が10人いた。……10人の娘のうち，いちばん幼いものは，名を善生（*Sujāta*）と云った。……そのとき，娘の善生が，すぐさま黄金の鉢に乳粥をいっぱいに盛って，捧げると，菩薩はこう思った。「この乳粥を食べたら，必ずや，この上なき覚醒を成し遂げることができよう」）

りも『ラリタヴィスタラ』の特徴といわれている，「出家の勧め」を説く偈頌 ── これらは『ラリタヴィスタラ』第13章に記されているのだが，こういった内容は他の仏伝には見られない[75] ── が，『仏の12の行い』にも見られるのも，否めない。しかし，一方で，『ラリタヴィスタラ』のみでは供給できない要素が存在するのもまた事実である。つまり，前章の考察結果と同じように，「第3のテキスト」を想定しなければ，ここで確認した違いは説明がつかない。

さて，次節では，いよいよ，『ラリタヴィスタラ』以外の仏伝にも目を向け，この謎の答えを模索してみよう。

3　さらなる原典候補

たしかに，リゲティは，チベット語の律文献に記された仏伝や，日本にも『佛所行讃』として伝わっている韻文形式で綴られた仏伝『ブッダ・チャリタ』など，『ラリタヴィスタラ』以外のテキストにも目を向けようとしていた。改めて彼のあげたリストをながめ，その中で本節での考察に有用なものを取り出すなら，次のようになる[76]。

チベット語による律文献（'Dul ba gzhi）[77]中の仏伝
『アビニシュクラマナ・スートラ』[78]

---

75)　M. Winternitz (1913), S.198.（邦訳：中野（1978），p.193）

76)　Ligeti（1984）は，『リンチェン・チューキ・ギャルポ（Rin chen chos kyi rgyal po）の集成』もあげているが，この作品が著されたのが1734年，印刷が1776年と，いずれも清朝期であるため，元朝期成立の『仏の12の行い』に影響を与えることはできない。従って，本稿では考察の対象から外す。また，『ラリタヴィスタラ』もあげられているが，前節と重複するため，ここでは取り上げない。

77)　漢文テキストでは，『根本説一切有部毘那耶』として大蔵経に収められている。

『ブッダ・チャリタ』[79]

『プトン仏教史』 (Bu ston chos 'byung)[80]

まず，律文献について，簡単に説明しておこう。そもそも，「律」とは「戒律」のことであり，出家者が守らねばならない規則をいう。それをまとめたものが律文献であり，いわゆる「三蔵」のひとつとして仏教文献群の中でも大きな位置を占めている。ここでは，単に「チベット語による律文献」とだけ述べたが，もう少し詳しく説明すると，このテキストは「根本説一切有部」[81]と称された一派によって伝えられた律文献の翻訳である。多くの説話伝承や仏伝も含むため，単なる「規律集」としての価値には留まらない。ギルギットからサンスクリット原典も出土しているが[82]，本書では，モンゴル仏典により影響を与えたことが予想されるため，サンスクリット語よりむしろチベット語訳テキストを中心に用いる。また，本書ではさらに，『根本説一切有部律』によく似た内容をもち[83]，作成年代が元朝期に近い漢訳テキスト『佛説衆許摩訶帝經(ぶっせつしゅこまかていきょう)』[84]も検討材料に加えたい。

---

78) skt. *Abhiniṣkramaṇasūtra*; tib. *mNgon par 'byung ba'i mdo*; ch. 『異出菩薩本起經』(西晋居士聶道眞訳［T 188 iii 617b14ff.］)

79) skt. *Buddhacaritanāmamahākāvya*; tib. *Sangs rgyas kyi spyod pa zhes bya ba'i snyan[d]ngag[s]chen po*; ch. 『佛所行讃』［T 192 Ⅸ, 1a4ff.］。

80) E. Obermiller (1932) によると，このテキストは『ラリタヴィスタラ』を簡略化したものである。(E. Obermiller, *The History of Buddhism in India and Tibet by Bu-ston*, Deilhi, 1986 (first published : 1932), p. 3.)

81) この流派の名称については議論があり，「説一切有部」とすべきか，「根本説一切有部」とすべきか，未だに説が分かれる。本書では，テキスト名 (*Mūlasarvāstivāda vinaya*. 漢語訳；『根本説一切有部毘那耶』) に従い，「根本説一切有部」と表記しておく。

82) ed. by Raniero Gnoli with the assistance of T. Venkatacharya, *The Gilgit Manuscript of the Saṅghabhedavastu : being the 17th and last section of the vinaya of the Mūlasarvāstivādin* pt. 1, pt. 2 (Serie orientale Roma ; v. 49), Roma; Istituto italiano per il Medio ed Estremo Oriente, 1977.
※ギルギット (Gilgit); パキスタン北部にある州都。

83) 大谷大學圖書館 編纂，『西藏大藏經甘殊爾勘同目録』，iii，大谷大學圖書館，1932, p. 400.

ちなみに，この「衆許摩摩訶帝」とは，「大衆が許可した（衆許; *saṃmata*），偉大な（摩訶; サンスクリット語 *mahā* の音訳）帝王」との意で，初代転輪王として仏典に伝えられる人名である[85]。ブッダの実家にあたるシャカ一族の祖先との設定で，この王の物語から始まってブッダの伝記へと続く内容となっている。

次に，2番目にあげた『アビニシュクラマナ・スートラ』だが，これはブッダが生誕し，出家するまでについて語ったテキストである。

3番目の『ブッダ・チャリタ（*Buddhacarita*）』[86]は，1世紀頃に活躍したインドの仏教詩人アシュヴァ・ゴーシャ（*Aśvaghoṣa*）によって著された。「カーヴィヤ（*kāvya*）」[87]と称される美文体で綴られ，史料というよりも文学作品として鑑賞されるべきもの，とまでいわれている[88]。もちろん原典はサンスクリット語で記されているが，14世紀にチベット訳に訳出されている[89]。本書ではやはり，モンゴル仏典への影響を考え，このチベット語訳を主な比較対象として取り上げたい。

4番目に記した『プトン仏教史』は，14世紀に活躍した高名な学僧プトン（Bu ston, Rin chen grub; 1290-1364）によって著された仏教史で，彼自らが再編集したシャル寺の『大蔵経』目録の序文として，1322年に著された[90]。なお，「プトン」とは「若先生」との意である[91]。彼は若くから

84)　［T 191 Ⅲ, 93a26ff.］。宋代に法賢によって訳された。（cf. 大谷大學圖書館 編纂，『西藏大藏經甘殊爾勘同目録』, iii, 大谷大學圖書館, 1932年, p. 400）

85)　サンスクリット名; *Mahāsaṃmata*（偉大なる，［人々に］賛同された［人］）。

86)　サンスクリット語のテキストは，Johnston のエディション（E.H. Johnston（ed.）, *The Buddhacarita or, Acts of the Buddha*（Part Ⅰ）, Calcutta: Baptist Mission Press, 1935）に従う。

87)　古典サンスクリット文学作品の一種。作者には，さまざまなタイプの韻律を駆使した詩的技巧の高さのみならず，神話，哲学，政治学，音楽，文法学，医学，天文学など，あらゆる分野の素養が求められる。

88)　cf. 原実，『大乗仏典13　ブッダ・チャリタ（仏陀の生涯）』，東京; 中央公論社，2004年，pp. 364-354.

89)　［P 5656 Nge 1—124b8 /　D 4156 Ge 1—103b2］訳者：Sa dbang bsang po, Blo gros rgyal po（14世紀前半）.

その傑出した才能を認められ，弱冠31歳でシャル寺の僧院長に就任した。さらに彼の打ち立てた教学の体系は「後世シャル派」，もしくは「プトン流」と称され，後世にも影響を与えている[92]。

4　妻と息子

さて，話を戻そう。

前節では「家族構成の違い」について取り上げたが，問題点として，妻の人数およびメンバー，息子の有無が浮上していた。『仏の12の行い』では，妻はゴーパカー（ゴーパー）とヤショーダラーの両名とされ，息子のラーフラの存在も語られていた。一方，『ラリタヴィスタラ』系統では妻はゴーパーひとり，息子についての記述は見られなかった。この差異が生まれた理由として，「第3のテキスト」の影響を想定し，比較検討してみたい。まずは，チベット語律文献から見てみよう。

菩薩は後宮の女性たちと一緒に，［他の］男性なくして音楽を奏で，楽しみ，

---

90)　cf. 田中公明，『チベット密教』，東京; 春秋社，1993，p. 71.

91)　プトンの父親もまた「タク先生（Brag ston）」と称された在家密教の師匠だったため，それに対比して付いた呼称と思われる。［cf. D.S. Ruegg, The Life of Bu ston Rin po che —— with the Tibetan text of the Bu ston rNam thar ——, Roma; Institute Italiano per il Medio ed Estremo Oriente, 1966，p. 3, note 3］.

92)　cf. 田中公明（1993），pp. 70-72.

また，現在，チベット仏教でもっとも大きな勢力を誇るゲルク派の創始者・ツォンカパ（Tsong kha pa, blo bzang grags）もまた，彼の教学に影響を受けたひとりである。

※　ゲルク派（dGe lugs pa）; 14世紀後半，ツォンカパ（1357-1419）によって創始された。厳密な戒律主義でも知られる。元朝崩壊後，モンゴルで勢力を伸ばしたアルタン・ハーン（1597-1582; Altan qaγan）と当時のゲルク派デプン寺の座主であったソーナム・ギャンツォ（1543-1588; bSod nams rgya mtsho）が青海省で会見した際，ハーンからソーナム・ギャンツォに対して「ダライ・ラマ（mong. Dalai lama / tib. Da lai bla ma）」の称号が与えられた。これが今日まで続く「ダライ・ラマ政権」の始まりである。

戯れていたとき，このように思った。「わたくしに対して，他の人たちは，『釈迦牟尼なる太子は男ではない，ヤショーダラー（Grags 'dzin ma）やゴーパー（Sa 'tsho ma），ムリガジャー（Ri dags skyes）と，［その他］6万人の女性らを棄てて，出家したのだから』ということを噂するようになるだろう。……93)

また，息子については，次のような記述が見られる。

菩薩が［宮殿を］出て行ったその日に，ヤショーダラーは懐妊した。94)

ヤショーダラーの息子の名づけをすることにして，後宮の人々はいった。「この［子］が生まれたとき，月に蝕が起こったそのことから，息子の名はラーフラ（sGrag can zin）と名づけましょう」といって名づけた。95)

まず，妻として「ヤショーダラー，ゴーパー，ムリガジャー」の3人の女性がいたこと，そして，ヤショーダラーから生まれた息子としてラーフラの存在が読み取れる。

次に，律文献に類似するとの指摘を受けている漢訳テキスト『衆許摩

---

93)　【tib.】 byang chub sems dpa' btsun mo dang lhan cig skyes pa med pa na rol mos rtse bar byed / dga' bar byed dga' mgur spyod par byed pa na 'di snyam du dgongs te / bdag la gzhan dag gzhon nu sha'akya thub pa ni skyes pa ma yin te / gang gi phyir grags 'dzin ma dang sa 'tsho ma dang / ri dags （ri dwags） skyes dang / bud med drug khri spangs nas rab tu byung ngo zhes gzhi des kha zer bar 'gyur du 'ong gis / . . . ［8a2－4］

【skt.】 *tato bodhisattvasyāntaḥpurasametasya niṣpuruṣeṇa tūryeṇa krīḍato ramamāṇasya paricārayata etad abhavat << bhaviṣyati me antonidānaṃ pare vaktrāraḥ śākyamuniḥ kumāro 'pumān, yena yaśodharāgopikām-ṛgajāprabhṛtīni ṣaṣṭistrīsahasrāṇy apāsya pravrajita iti;*. . . ［i 81. 6—10］

94)　【tib.】 gang gi nyi ma la byang chub sems dpa' phyir byung ba de nyid kyi nyi ma la / grags 'dzin ma sems can dang ldan par gyur to /［126a2—3］

【skt.】 *yam eva divasaṃ bodhisattvo nirgatas tam eva divasaṃ yaśodharā āpannasattvā saṃvṛttā;*［ii 30. 24-25］

95)　【tib.】 grags 'dzin ma'i bu'i ming 'dogs par byed de / btsun mo'i 'khor gyi skye bos smras pa / 'di btsas pa na zla ba sgra can gyis zin pa de bas na khye'u'i ming sgrag can zin zhes gdags so zhes btags so / /［32b4—5］

【skt.】 *yaśodharāyāḥ putrasya nāma vyavasthāpyate; antaḥpurajanaḥ kathayati: asya janmani rāhuṇā candro grastaḥ; tasmād bhavatu dārakasya rāhula iti nāmeti;* . . . ［i 120. 5—7］

訶帝經』も見てみる。

> そのとき，シッダールタ（悉達多）太子は，諸々の宮廷の女性たちと遊び戯れていたが，忽然と思った。「わたくしに，今，ヤショーダラー（耶輸陀羅）とゴーパカー（娯閉迦）とムリガジャー（蜜里誐惹），このような妻たちと，6万人の女性たちがいるといえども，もし息子も娘もいないままに修行に出ていくなら，人々は皆していうだろう，『シッダールタ太子は男ではない，出ていってからヤショーダラーを身ごもらせるなんて。』……[96]

> そのとき，シュッドーダナ王は，太子が山野の中で精進し，苦行して，毎日，麻や麦を食して最高の道を探求しているのを知って，涙を流して悲しんで，心に辛い悩みを抱いて，スプラブッタ王と，各々250人［の付き人］を遣わして，護衛し，世話させた。そのとき，ヤショーダラーが突然，懐妊したので……[97]
> 「アムリトーダナ王[98]に，そのお子がひとり生まれました。ヤショーダラーにもまたお子がひとり生まれました」。王の諸々の眷属たちはみな［喜んで］，大いに躍り上がった。……アムリトーダナ王に子が生まれたとき，眷属が喜んだので「ナンダ」と名づけた。ヤショーダラーに子が生まれたとき，月に蝕が起きたので，「ラーフラ」と名づけた。[99]

この漢訳テキストでも，妻が3名，ラーフラという名の息子が誕生したことが記されている。ちなみに，ここでは，菩薩が出家生活に入った

---

96)　……爾時悉達多太子。與諸宮嬪作於娯樂。而忽思惟。我今雖有耶輸陀羅。娯閉迦。蜜里誐惹。如是夫人及六萬采女。若無男女便去修行。衆人倶言。悉達多太子非是丈夫。出別之後。即令耶輸身有懷妊。［Ⅲ 945c3－7］

97)　……時淨飯王知彼太子。在山野中精勤苦行。日食麻麥求無上道。涕涙悲泣心懷痛惱。與酥鉢囉沒馱王。各遣二百五十人侍衛給使。時耶輸陀羅忽然懷妊。［Ⅲ 949a25—28］

98)　甘露飯（*Amṛtodana*）。シュッドーダナ王の弟に当たる人物。［cf. 常盤大定，寺崎修一，平等通昭　譯，『國譯一切經』本縁部四，東京：大東出版社，1929年，p. 147.］

99)　甘露飯王生其一子。耶輸陀羅亦生一子。王諸眷屬皆大踊躍……甘露飯王生子之時。眷屬歡喜名阿難陀。耶輸陀羅。生子之時月有蝕障。名羅護羅。［Ⅲ 950c21－28］

後に，ヤショーダラーが身ごもったとされている。

さらにもうひとつ，この3名を妻として述べるテキストがあるので，あげておこう。『アビニシュクラマナ・スートラ』である。ちなみに，上のテキストと同じく，これもまた律文献との関連性を指摘されている[100]。

> それから，菩薩はこう考えた。「わたくしに対して，他の人は『釈迦族の牟尼である太子は，男ではない，ヤショーダラー（Grags 'dzin ma）やゴーパー（Sa mtsho ma），ムリガジャー（Ri dags skyes）と，［その他］6万人の女性らを棄てて，出家したのだから』というそのことから，噂するようになるだろう。[101]

> ［菩薩は］「……ああ，わたくしはヤショーダラーと交わるとしよう。」と思って，彼はヤショーダラーと交わると，ヤショーダラーは身ごもって……[102]

> ……ヤショーダラーの子の名づけをするため，後宮の女性たちが人々にいった。「この［子が］生まれたとき，蝕があったそのことから，息子の名前はラーフラ（sGrag can zin）と名づけましょう」といって名づけた。[103]

ここでも，妻は3名で，ラーフラという名の息子がひとり生まれたこ

100)　松田（1990）。松田祐子，「蔵訳『Abhiniṣkramaṇa-sūtra』研究　――菩薩の誕生に関して――」，『印度學佛教學研究』第39巻第2號　(1991)，pp. 930-927.

101)　de nas byang chub sems dpa' 'di snyam du dgongs te / bdag la gzhan dag gzhon nu sha'a kya thub pa ni skyes pa ma yin te / gang gi phyir grags 'dzin ma dang / sa mtsho ma dang ri dags（ri dwags）skyes dang / bud med drug khri spangs nas rab tu 'byung ngo zhes gzhi de las kha zer bar 'gyur du 'ong gyis . . .［27b7―8］

102)　ma la bdag gyis grags 'dzin ma dang lhan cig dga' mgur spyad par bya'o snyam nas des grags 'dzin ma dang lhan cig dga' mgur spyad pa dang grags 'dzin ma sems can dang ldan par gyur nas. . .［27b8―28a1］

103)　. . . grags 'dzin ma'i bu'i ming 'dogs par byed de btsun mo'i 'khor gyi skye bos smras pa / 'di btsas pa na sgra bcan gyis zin pas de bas khye 'u yi ming sgrag can zin zhes gdags so zhes btags so //［52a1―2］

とが記されている。また，テキストの中では，菩薩はヤショーダラーと交わったその日の夜に城を出たことになっている。

ここまで見て来たとおり，律系統のテキストは，およそ妻の数を3名とし，ラーフラという息子の存在も認めている。また，ラーフラの名の由来が，誕生時に起きた月蝕に由来する，という共通点も面白い。

では，律系統にはない，別の仏伝テキストには，どのような記述があるだろうか。『ブッダ・チャリタ』を見てみよう。

堅固なる戒律との結びつきあるその家系から，
恥じらいと自制と善良さをそなえた女性であり，
ヤショーダラーとて名高き女性，
妃と称される，これなる吉祥の女神を得た。

それから，美しい胸もてる女性［であり］
ヤショーダラーなる，自身の名声ある女性に
シュッドーダナ王の息子の息子たる，月（sGra gcan gyi sgra gcan）の［ような］顔［をした］
ラーフラが［その］とき，生まれた。[104)]

このテキストで，妻として登場するのはヤショーダラーひとりであり，ラーフラという息子が存在したことも述べている。ちなみに，こちらはラーフラの名の由来を「月に似ている」ため，としている。

次に，『プトン仏教史』ではどうだろうか。

ゴーパーも，夢の中で大地が揺れる，などを夢に見た。[105)]

こちらは，『ラリタヴィスタラ』系統と同じく，ゴーパーのみを妃としてあげている。そして，このテキストも，息子ラーフラについては言及されていない。

ここまでの検討内容をまとめると，次のようになる。

律文献のグループ：妃３名（ヤショーダラー，ゴーパー，ムリガジャー），
息子１名（ラーフラ）
『ブッダ・チャリタ』：　妃１名（ヤショーダラー），息子１名（ラーフラ）
『プトン仏教史』：　妃１名（ゴーパー），息子なし

これらの中に，『仏の12の行い』と完全に一致するものは見られない。ただ，律文献のグループが伝える家族構成は，ムリガジャー以外はすべて共通している。なお，『仏の12の行い』は，本文全体が残っているわけではないので，ムリガジャーがまったく登場していないと断言することはできない。ここでは，右にあげた文献のうち，律文献のグループが『仏の12の行い』にもっとも近いという点をひとまず確認しておいて，次の検討課題に移ろう。

---

104)　【tib.】brtan pa'i tshul khrims sbyor pa can gyi rigs de las （D; la） / /
ngo tsha dang ni dul ba nyer ldan legs ldan ma //
grags 'dzin ma zhes grags pa rnam par yangs pa ma //
btsun mor mngon par brjod pa'i dpal mo 'di la blangs //　[9b3―4]
【skt.】*kulāt tato 'smai sthiraśīlayuktāt sādhvīṃ vapurhrīvinayopapannām /*
yaśodharāṃ nāma yaśoviśālāṃ vāmābhidhānāṃ śriyam ājuhāva // [2. 26]

【tib.】　de nas mdzes pa'i 'o ma 'dzin pa dang ldan ma //
grags 'dzin ma ni rang gi grags pa 'dzin ma la //
zas gtsang sras po'i sras po sgra gcan sgra yi zhal //
sgra gcan 'dzin zhes bya ba dus su skyes par gyur // [10b8―11a1]
【skt.】　*kāle tataś cārupayodharāyāṃ yaśodharāyāṃ svayaśodharāyām /*
śauddhodane rāhusapatnavaktro jajñe suto rāhula eva nāmnā // [2. 46]
（サンスクリット最終行：シュッドーダナの息子に，ラーフを敵とするもの（＝月）[のような] 顔をした、ほかならぬラーフラという名の息子が生まれた。）
105)　sa 'tsho ma yang rmi lam du sa g-yos pa la sogs pa rmis so // [93. 12―13]

5 ナンダー，ナンダバラー，スジャーター

6年にもわたる苦行ですっかり衰弱していた菩薩に食事を供養した村娘がいたことは，『ラリタヴィスタラ』のみならず，多くの仏伝で伝えられるところである。本節であつかうテキストにも，同じ所伝が見られる。まず，律文献の記述から見てみよう。ここでは，「ナンダー」と「ナンダバラー」という名の娘が登場する。

> 菩薩は徐々に体力と能力，気力を起してから，徐々にセーナパティの村に向かわれた。そこには，村長セーナパティ（sDe can）がおり，彼には，2人の娘がいた。ナンダー（dGa' mo）とナンダバラー（dGa' stobs ma）である。……それから，その2人は，清らかな心と堅固な意志で，彼（菩薩）にその蜜のように甘い乳粥を捧げた。菩薩も，その2人を摂取するため，お受け取りになった。[106)]

> その村には，2人の少女がいた。ひとりはナンダー（難那）という名，もうひとりはナンダバラー（難那末羅）という名であった。……少女は［浄光天子から菩薩のことを］聞き終えるや，すぐさま［菩薩のところに］馳せ参じて，鉢に粥を盛り付けて，敬虔な心で捧げると，菩薩は黙ってその供養を受け終わり，鉢を投げ捨ててナイランジャー河に入られた。[107)]

---

106)　【tib.】byang chub sems dpas rim gyis lus kyi stobs dang / mthu dang / brtson 'grus yang dag par bskyed nas rim gyis sde can gyi grong khyer du gshegs so // de na grong khyer gyi dpon po sde can zhes bya ba de la bu mo gnyis yod de / dga' mo dang / dga' stobs ma'o / . . . de nas de gnyis kyis gus pa dang / bsam pa drag pos de la 'o thug sbrang rtsi ltar mngar ba de phul lo // byang chub sems dpas kyang de gnyis rjes su gzung ba'i phyir bzhes so //［24b5—26a4］

【skt.】*bodhisattvo 'py anupūrveṇa kāyasya sthāmaṃ ca balaṃ ca vīryaṃ ca saṃjanayya anupūrveṇa senāyanīgrāmaṃ gataḥ ; tatra seno nāma grāmikaḥ ; tasya dve duhitarau nandā ca nandabalā ca ; ... tatas tābhyāṃ satkṛtya tīvreṇāśayena tan madhupāyasaṃ tasmai pratipāditam; bodhisattvenāpi tayor anugrahārthaṃ pratisaṅgṛhītam;*［i 108. 22—110. 13］

同じく律系統に属している『アビニシュクラマナ・スートラ』では，帝釈天も供養者として登場する点が少し異なってはいるが，供養する女性の名は，右のテキストと同じである。

それから，神々の長である帝釈天は，上に捧げられた，蜜のような乳粥を受け取った。受け取ってから，また，ナンダー（dGa' mo）とナンダバラー（dGa' stobs ma）の２人にいった。……それから，神々の長である帝釈天は，菩薩が幸福［な状態］で居られると知って，上に捧げられた，蜜のように甘い乳粥を器に注いで，菩薩に捧げた。108)

律系統のテキストでは，「ナンダー」と「ナンダバラー」の２人によって，菩薩が供養された点が確認されたと思う。では，その他のテキストでは，どうなのだろうか。『ブッダ・チャリタ』を見てみよう。

そのとき，神々に促された牛飼いの娘，
心に喜びを生じたナンダバラーが，そこに来た。
開いた優曇華の［ような］目をした，浄信にて増した喜び［ある］彼女は
彼（菩薩）に頂礼してから乳粥を取らせた。109)

ここでは，ナンダバラーただひとりが供養者として登場している。最後に，ラリタヴィスタラに基づくといわれている『プトン仏教史』はどうだろう。

それから，神に知らされて，スジャーター（Legs skyes ma）は，1000頭の牝牛の乳を７回精製して，……それから，菩薩をお招きして，蜂蜜入りの乳粥

107)　其聚落内有二童女。一名難那。二名難那末羅。……童女聞已即時馳往。以鉢盛粥虔心上獻。菩薩默然而受其供食已。擲鉢入尼連河。［Ⅲ 949b24―c19］

108)　de nas lha'i dbang po brgya byin gyis 'o thug sbrang rtsi ltar mngar ba stod du bsgres pa blangs so // blangs nas kyang dga' mo dang / dga' stobs ma gnyis la smra pa / . . . de nas lha'i dbang po brgya byin gyis byang chub sems dpa'i bde bar bzhugs par rig nas 'o thug sbrang rtsi ltar mngar ba stod du bsgres pa yol gor blugs te / byang chub sems dpa' la bstabs so // ［43b4―8］

で黄金の器をいっぱいにして差し上げたのを［菩薩は］お受けになって……110)

こちらでは，供養者はスジャーターであり，ナンダーとナンダバラーは，登場しないことが分かる。ここまで見てきた内容をまとめると，次のようになる。

律文献のグループ：　　ナンダー，ナンダバラー
『ブッダ・チャリタ』：　ナンダバラー
『プトン仏教史』：　　スジャーター

これらの中で，『仏の12の行い』と同じく，供養者をナンダーとナンダバラーの両者とするのは，律文献のグループであることが見て取れる。

一方，先に見た「家族構成」にしろ，供養者の名前にしろ，『ラリタヴィスタラ』と一致するのは『プトン仏教史』の方である。もっとも，この両者の関係はE. Obermiller（1932）によって指摘されており，今さら

---

109)　【tib.】de nas lha rnams kyis bskul ba'i //
ba glang（D; lang） skyong ba bdag （D; tt bu） mo ni //
snying la dga' skyes 'gyur ba yi //
dga' stobs ma ni der 'ongs so //［56b5—6］
【skt.】*atha gopādhipasutā daivatair abhicoditā /*
udbhūtahṛdayānandā tatra nandabalāgamat //［12. 109］
【tib.】spyan mig u tpa la rab rgyas shing //
dad pas 'phel ba'i dga' ma des //
de la mgo yis rab btud nas //
'o ma drangs par gyur pa 'o //［56b6—7］
【skt.】*sā śraddhāvardhitaprītirivikasallocanotpalā /*
śirasā praṇipatyainaṃ grāhayāmāsa pāyasam //［12. 111］

110)　de nas lhas sbran te legs skyes mas ba stong gi 'o ma lan bdun du nying khur byas ba dang . . . de nas byang chub sems dpa' mgron du bos nas 'o thug sbrang rtsi can gyis gser snod bkang ste phul ba bzhes nas . . .［97. 1—4］

驚くにはあたらない。

本書では，特に家族構成と供養者の点に着目してみたが，これだけでも『仏の12の行い』と『ラリタヴィスタラ』の両者には違いがある。その一方で，律文献の中には『仏の12の行い』との共通点が見いだせた。どうやら，『仏の12の行い』は，単に『ラリタヴィスタラ』を要約したテキストではなく，律系統の文献の影響を受けた可能性も考えられるのである。

6「仏十二行」

そもそも，この『仏の12の行い』とは，どこからきた題名なのだろうか。漢訳の大蔵経，およびチベット訳の大蔵経の双方に，よく似た名称のテキストが見られる。『佛説十二遊經』[111]と *mDzad pa bcu gnyis kyi tshul la bstod pa*（「十二所作理趣讃」）[112]である。いずれも，テキストの分量を見るだに，本書で取り上げた『仏の12の行い』とは別物のテキストであることが分かる。一方，従来より，インドからチベットにかけて，仏の生涯を12に分類する伝統があることは確認されている[113]。その発祥については，いまだ明確なことは分からないが，川崎（1977）[114]によれば，いくつかの異説もみられるようだ[115]。

111)　T 195［Ⅳ, 146a4 - 147b28］.

112)　P 2026［XⅣ, Ka 95b1 - 96a7］.

113)　「12の行い」について，Poppe（1967）, Ligeti（1984）は，主に以下の論文に拠っている：Alexander Csoma Körösi, "Notices on the Life of Shakya, extracted from the Tibetan Authorities", *Asiatic Reserches* vol. 23, India,（1980, first published in 1839） pp. 285-317.

114)　川崎定信，「チベット仏教における成仏の理解―仏伝十二相をめぐって」，『玉城康四郎博士還暦記念論集　佛の研究』，東京：春秋社，1977，pp. 269-284.

参考までに，リゲティも参照したCsoma Körösi（1839）の分類法を見ると，次のようになっている。

I. 天界からの降下	II. 母の胎に宿る
III. 誕生	IV. あらゆる種類の技芸を示す
V. 結婚，或は婚姻生活の楽しみ	VI. 出家し，宗教的な身分を得る
VII. 苦行をする	VIII. 死魔を制圧する
IX. 悟りを得る	X. 法輪を廻す
XI. 涅槃	XII. 遺骨の分配

川崎（1977）は，諸説が存在するということを前提にしつつ，以下のような項目を紹介している。

（1）降兜事	（2）入胎
（3）出生	（4）技工芸熟達
（5）後宮遊戯	（6）出家
（7）六年苦行	（8）菩提道場へ進行
（9）降魔	（10）成正覚
（11）転法輪	（12）入涅槃

そして，現存する部分の『仏の12の行い』の章立ては，次のとおりである。

115)　川崎（1977）では特に言及されていないが，チベット大蔵経にある *mDzad pa bcu gnyis kyi tshul la bstod pa*（『十二所作理趣讃』）［P 2026 / D 1135］では，以下のような分類が見られる。
1. 下生および入胎　2. 誕生　3. 技芸熟達　4. 後宮遊戯　5. 出家　6. 六年苦行　7. 正等覚　8. 転法輪　9. 外道らを教化する　10. 舎衛城にて神変を示す　11. 涅槃　12. 遺骨の分配

第 6 章「僧になって出家する」（Toyin bolǰu ger-teče γaruγsan）

第 7 章「苦行」（Berke qataγuǰiγsan）

第 8 章「菩提道場への進行と化作」（Bodi ǰirüken-dür odču ridi qubilγan-i üǰugülügsen）

第 9 章「降魔」（Simnus-i nomuγadqaγsan）

『仏の12の行い』の内容は，川崎（1977）で示された（6）から（9）と，ほぼ一致していることが分かる。

つまるところ，このテキストは，まさにその表題どおり，「仏の12行」を示すことを目的に，『ラリタヴィスタラ』をはじめとする複数のテキストを組み合わせて造られたものではないだろうか。その「複数のテキスト」とは，『ラリタヴィスタラ』はもちろん，本章で見てきたとおり，おそらく，律系統の仏伝があげられよう。前章での考察も合わせると，数々の本生譚を語ったテキスト，例えば『ジャータカマーラー』などの影響も考えられる。

やはり，『仏の12の行い』は，決して単一のテキストを要約した「抄本」ではない。複数のテキストの内容をパーツとして取り込み，以前より存在した「仏十二行」のモチーフに基づき，巧妙に組み合わせ，コンパクトに仏の物語を再構成した，いわば嵌め木細工のような作品だといえるだろう。

そして，その嵌め木細工のごとき短編の仏伝は，元朝時代，モンゴルの貴族の目にとまり，より分かりよいようにとモンゴル語訳が要請された。こうして，遥かヒマラヤの向こうで生まれた偉人の物語は，雪の国に入り，次いで草原の国へと引き継がれていったのだ。また，その物語は，単に機械的に訳されたものではなく，より分かりやすいように，より親しみやすいようにと工夫され，変容したものだった。さらに，この草原の国が仏の言葉を受容する際には，オアシスの民であったウイグル人の扶けもあったことが読み取れる。

13世紀頃，世界地図を大きく描き変えたモンゴル帝国は，同時に，世界から大きく影響を受けた国家でもあった。仏教の受容は，モンゴルの国際化の象徴のひとつといえるかもしれない。

ちなみに，この『仏の12の行い』の現存テキストは，近年，キリル文字——20世紀に入って，モンゴルはロシアよりこの文字を受容した——によって新たに出版，紹介されている[116]。今なお，モンゴル人の間に語り伝えられる仏伝といえるだろう。

116)　Д. Цэрэнсодном, Монголлын бурханы шашны уран зохиол（Дэд дэвтэр）（D. ツェレンソドノム，『モンゴルの仏教文学』），Улаанбаатар; Шинжилэх ухааны ақадэмийн хэл зохиолын хүрээлэн , 2007, pp. 82–137.

Ⅳ

モンゴル大蔵経成立について
――サンスクリット借用語から見えてくるもの

1「雪の国」から「草原の国」へ

モンゴルが仏教を受容したのは，13世紀である。この出来事は，ただの一部族にすぎなかった「モンゴル」が，周辺の民族国家を次々に飲み込んでゆき，ついにはユーラシアの大部分にわたる一大帝国を築くという世界史上の大きな変化がなければ，あるいは，起こらなかったのかもしれない。

そもそも，「モンゴル」と呼ばれる人々が現れたのは，7世紀半ばであったという。そのときは，アルグン河[117)]流域に住まう，一部族に過ぎなかった[118)]。11世紀から12世紀にかけて，モンゴル高原からユーラシア東北部に当たる地域は，遼（916-1125）や金（1115-1234），ケレイト王国[119)]など，複数の国家や民族の間で紛争が続いていた。そして，こ

117) ユーラシア大陸東北部に流れる河のひとつ。水源は大興安嶺山脈の西麓にあり，シルカ河と合流してアムール河（黒龍江）となる。

118) 岡田英弘，『モンゴル帝国から大清帝国へ』，東京；藤原書店，2010年，p. 28.

119) ケレイト氏族を中心に，複数の氏族からなる部族集団。モンゴル高原の中北部，ハンガイ山脈付近に居住していた。遼や金とは，従属関係にあったが，独立勢力として存在していた。ネストリウス派を信奉していたらしく，1700年ごろ，ケレイト王がメルヴの大司教に司祭の派遣を求めている［岡田（2010），p. 27］。

の群雄が割拠する状況に終止符を打ったのが，モンゴル部族出身のテムジン（Temüǰin），すなわち，後の「チンギス・ハーン（Činggis qaγan; 在位期間1206-1227）」である。12世紀末頃，ケレイト王国の内紛に破れたトグリル・ハーン（トオリル・ハーン。後に金国より「オン・ハーン」の称号を受ける）とともに連合軍を立ち上げた頃から，彼は徐々に勢力を伸ばしてゆく。そして1203年，ついにテムジンとオン・ハーンの間に争いが起き，その年の秋，テムジンに敗れたオン・ハーンが別の部族に殺害されたことで，両者の対立は終わった。こうしてケレイト王国は滅び，代わってテムジンが「モンゴル」を立ち上げたのである。彼の軍勢はさらに勢力を増し，1206年，ついにハーンの称号を得た彼は，その後もある時は自ら出馬し，ある時は有能な部下や息子たちを差し向け，ついにはユーラシア大陸に広大な帝国を築いた。いわゆる「モンゴル帝国」の誕生である。

一方，当時のチベットには，かつてのような統一政権はなかったが，いくつかの「氏族教団」[120)]が各地で勢力をつけ，おおむね均衡を保っていた状態で，政治的には比較的安定していた。モンゴル軍の侵攻は，そういった状況下で起こった。

1239年，チンギス・ハーンの後継者となったオゴテイ・ハーン（Ögüdei qaγan; 在位1229-1241）の次男グデン（Göden）が兵をあげて，カム地方から西に向かって攻め入り，カダム派の本山ラデンを略奪，さらに律の名刹ギャルカランを焼き払った。これに動揺した各氏族らは会議を開き，交渉を通じてひとまずモンゴル軍の撤退を取り付けたものの，不穏な状況が続く。さらなる和平交渉が必要だった。その大役を引き受けたの

120)　もともとは教団の有力な施主たちが，自らの影響力をさらに高めるため，自らの子弟を出家させて教団内の主要な地位につけ，一族の中でそれを相続さてゆく中で，出来上がった形態。これに成功した一族は，教団の利権や権力を独占することができた。［cf. 山口瑞鳳，『チベット』下，東京; 東京大学出版会，1988年，pp. 68-69.］

が，当時，学識者として名高かったサキャ・パンディタ（通称「サパン」，1182-1251；Sa pan, Sa skya paṇḍita Kun dga' rgyal mtshan）である。彼は，高齢をおして，甥のパクパとチャクナ・ドルジェを供に，1244年，西涼に向かった。グデン王との会見が実現したのは，その3年後であったという。交渉の内容は，チベットにとってはきびしいものではあったが，これを機会に，モンゴルとチベットは「施主」と「布施処」として紆余曲折を経つつも，友好的な関係を結んでゆくことになる[121)]。

特に，モンゴル帝国第5代ハーンとなったクビライ（Qubilai; 在位期間1260-1294）が元朝（1271-1368）の初代皇帝に即位すると，パクパは国師に任命され，サキャ派は元朝政治の中枢と深い関係を築くようになった。なお，このフビライとパクパの良好な関係は，サキャ・パンディタが和平交渉に赴いた時期にまで遡るようだ。2人が出会ったとき，クビライはまだ皇太子で，史書には両者が親しく交流していた様が伝えられている[122)]。

ちなみに，それまでモンゴル支配下の宗教事情は，土着のシャーマニ

---

121)　こういった関係は，スムーズに出来上がったわけではない。サパンの和平交渉が成功した後でも，チベット内の氏族間同士の勢力争いやモンゴル側の王位継承をめぐる争いなどがあり，モンゴル側のチベット支配がうまくゆかなかった時期があった。それを受けて，1252年，グデンは再びヤルルンの南，ムンカルに出兵するなどしている。[cf. 山口（1988），pp. 71-72.]

122)　cf. Paul Ratchnevsky, " Die mongolischen Großekahne und die buddhistische Kirche", *Asiatica, Festschrift Friedrich Weller*, Leipzig, 1954, SS. 492-493.

「帝師八思巴者、土番薩斯迦人、……歳癸丑、年十有五、謁世祖于潛邸、與語大悦、日見親禮。」[元史 巻二百二 列傳第八十九]　（明　宋濂等　撰，『元史』第15册，北京：中華書局，1976年, pp. 4517-4518.）

ちなみに，『元史』ではパスパは十五歳とされているようだが，これはパスパの生年（1235年）を考えれば疑問が残る。一方，ジグメ・ナムカの所伝では次のようになっている。

dgung lo bcu dgu pa la hor gyi hwo bi la'i se chen rygal pos rgryal bstan rin po che dar zhing rgyas pa'i ched du rang gi pho brang du spyan drangs pa la / …［橋本光寳（編），（1940），p. 127.］

（パスパが）御歳19のときに，モンゴルのフビライ・セチェン王は，仏の教え［という］宝を広めるために，自身の宮殿に［彼を］お招きして……

ただし，この面会が行われた年代を1253年（癸丑）とする点は，両者とも一致している。

ズムに加え，道教，中国禅，ネストリウス派キリスト教，イスラム教など，さまざまな宗教が共存していた[123)]。その状況は為政者側でも同じことで，例えば，クビライはパスパとの交流を通して仏教徒となったが，その母ソルカクタニ・ベキは，ケレイト王族出身ということもあって，ネストリウス派キリスト教徒であった[124)]。ただ，1260年にクビライが政権を執ると同時に，サキャ派が政治の中枢とも関わるようになったため，これを契機にチベット仏教（特にサキャ派）が政権に近い人々の間で急速に広まったことは想像に難くない。いくつかの歴史書には，まずクビライに先立って，妃ゼーマ・サンモ（mDzes ma bzang mo）が喜金剛（ヘーヴァジュラ）（kai rdo rje）の灌頂を受けたことが記されている[125)]。なお，この時代の仏典翻訳について，『アルタン・ハーン伝』[126)]が，「……フビライ・セチェン・ハーンとして名を馳せた聖人が，聖なるパクパ・ラマをお招きして来させて，あらゆる経典や陀羅尼などをウイグルの言葉で翻訳せしめ……」と伝えている点は興味深い[127)]。

次いで，本稿の「序章」でも触れたとおり，ハイシャン・フレグ・ハーン（武宗; 在居期間　1307–1311）の勅令により，カンギュル（tib. bka' 'gyur /　mong. kanǰur）とテンギュル（tib. bstan 'gyur /　mong. danǰur）の一部がモ

123)　Ratchnevsky（1954）, p. 489.

124)　杉山正明，『モンゴル帝国の興亡』（上），東京; 講談社，1996年，p. 96。

125)　ジグメ・ナムカの所伝には，まず妃ゼーマ・サンモが「喜金剛（ヘーヴァジュラ）」の灌頂を受け，次いで，クビライ（正確にはセツェン皇太子）をはじめとする25名が3回に渡って喜金剛の灌頂を受けた，とのくだりが見られる。[橋本光寶（編），1940年，pp. 130–132.] また，トゥカンの『一切宗義』にも類似の記述がみられる [福田・石濱（1986）, p. 105 / folio 4a5–6]。

126)　16世紀のモンゴルの有力者，アルタン・ハーンの伝記。成立年代は未だ確定されていないが，おそらくはアルタン・ハーン（1507–1582）と同時代に作成されたと見られる。[cf. 吉田順一，『『アルタン＝ハーン伝』訳注』，東京：風間書房，1998年，pp. vi–viii.]

127)　qubilai sečen qaγan kemen /　aldarsiγsan boda : qutuγtu phagspa /　blam–a yi ǰalaǰu iregülüged : qotala /　sudur tarni terigüten–yi uyiγur ayalγu /　bar orčiγuluγad . . .　[吉田　(1998), p. 9]
　フビライ＝セチェン＝ハーンとしてして名を馳せた聖人は，聖なるパクパ＝ラマをお招きして来て（招請して），あまねき顕教経典や密教経典などをウイグルの言葉で翻訳し（翻訳させて）……[吉田（1998）, p. 112,（　）内は筆者による訂正]。

ンゴル語に翻訳されていたことが伝えられている。翻訳作業においては，ウイグル，漢，チベット，サンスクリットの諸語に通じた多数の学者が動員され，単にチベットからの直訳ではなく，漢訳経典との校合・改訂を経た後に完成されたという。

ここで，特にウイグル人の関与があった，と聞くと，意外に思われる向きもあるかもしれない。実は，ウイグルは，モンゴル帝国の支配を受けるはるか前から仏教を受容していた。かつてのウイグル人の中には，仏教徒が少なからず存在していたのだ。もちろん，ウイグル語 —— 正確には，古ウイグル語 —— で記された仏教経典も存在した。そして，モンゴルの支配下に入った後も，ウイグル人僧侶は活躍していたようだった。『サキャ派年代記』には，サキャ・パンディタがゴダンに面会し，仏教の教えについて語った際，分かりにくい箇所はウイグル人僧侶によって説明を受けたことが記されている[128)]。また，ウルジート・ハーン以前は，「モンゴルの僧侶が仏典を念誦するとき，ウイグル語で唱えていた」[129)]との所伝も見られる。こういった史書の記述内容を付き合わせてみると，モンゴルの仏教弘通には，チベット人僧侶のみならず，ウイグル人僧侶の協力もあったらしいことが読み取れる。

さて，話を翻訳史関連に戻そう。ハイシャン・フレグ・ハーンに続いて，イェスン・ティムル・ハーン（晋宗; 在位期間　1323-1328）の時代にも，大規模な翻訳事業があったとされる[130)]。ハイシャンと，その勅命を受けたチューキ・ウーセルの関係性の真偽については，疑問を呈する

---

128)　「そのときクテンは……翌1247年 1 月に会った。法話をたくさんなさり，わからないところはウイグルの善知識多数も仲介をして方の意味をすべて理解させた。王はたいへん喜び，……以後ラマ＝サキャパンディタを先頭にし，祈願のときには先に僧の祈願をせよ，という勅令を出した。」［福田・石濱，（1986），p. 32.］

129)　cf. 嘉木楊 凱朝，『モンゴル仏教の研究』，京都：法蔵館，2004，p. 144.

130)　金岡秀友，「蒙古文大藏經の成立過程 —— 附・東洋文庫藏　蒙古文カンヂュル略目録 ——」，『佛教史学』第 6 巻 第 1 号（1957），pp. 41-48.

意見もあるが[131]，いずれにせよ，我々は元朝期にモンゴル語への仏典翻訳事業がある程度の規模で行われていた可能性を考えておく必要があるだろう。

1368年，元が事実上中原を退き，いわゆる北元の時代に入ると，仏教に信仰を寄せるモンゴル人諸侯の働きかけにより，カンギュルの改訂とテンギュルの一部の翻訳が完了した。この元朝から北元にかけて作成された翻訳を，金岡（1597）は「旧訳」と位置づける[132]。ただし，これらのテキストの中で，現存するものはきわめて稀であり[133]，どの程度の規模で行われていたのかを具体的に確認することはできない。

なお，樋口（1991），（1998）によると，元朝崩壊以降のモンゴル語仏典として，制作年代の明確なものは1431年の *Tārā-ekaviṃśatistotra*（『聖救度仏母二十一種礼讃経』）が最後であり，それ以降，「蒙古語による訳経・出版そのものが行われたことも考えにくい」と述べる[134]。

時代が下り，16世紀に入ると，トゥメド（Tümed）[135]のアルタン・

131）チョイジオドセルとハイシャン＝フレグを対にする表現は，17世紀以降のチベット・モンゴル文史料によく見られる。しかし現在にまで伝わるチョイジオドセル（「チューキ・ウーセル」のモンゴル語に転訛したよび名）作と言われる翻訳聖典のコロフォンには，年代としては1315年と1323年の２年，また皇帝の名前としては仁宗，英宗の２皇帝の名しか見えないので，チョイジオドセルを武宗ハイシャン＝フレグ時代の人とする確認はとれない［cf. 吉田（1998), p. 218, 福田・石濱（1986), p. 74］。（　）内は筆者による補足。

132）金岡（1957），p. 44.

133）例えば，本書で扱っている『仏の12の行い』をはじめ，トルファン出土の *Bodhicaryāvatāra*（『入菩提行論』）の註釈，*Bhadracaryāpradnidhānarāja*（『普賢行願讃』）や，*Bhagavatīprajñāpāramitāhṛdaya*（『般若心経』），*Mañjuśrīnāmasaṁgīti*（『文殊師利一百八名梵讃』）の断片などがあげられる。また，パクパ文字で記された *Subhāṣitaratnanidhi* の断片も出土している。ただし，14世紀を中心とする，これら一連の時代に作成されたテキストは，数少ない。［cf. 樋口康一，『蒙古語訳『宝徳蔵般若経』の研究』，広島：淡水社，1991年，p. v; 樋口康一，『蒙古語訳『牛首山授記経』の研究』，東京：勉誠社，1998年，p. 10］。

134）樋口（1991），p. v: 樋口（1998），P. 10.

135）元朝崩壊以降，再びモンゴルの諸部族を団結させた「モンゴル中興の祖」ともいうべきダヤン・ハーン（Dayan qaγan; 1464–1524）の下で編成された「六万隊（トゥメン）」のひとつ。トゥメドは，黄河流域から甘粛外辺あたりに位置したオルドス，ユンシェーブらとともに「右翼モンゴル」に入る。［cf. 吉田（1998），p. 242; 岡田（2010），P. 67 ff.］

ハーン（Altan qaγan; 在位期間　1507-1583）が台頭してきた。このとき，再び，モンゴルの権力者とチベット仏教の間に，「施主・応供処」の関係が築かれるようになる[136]。また，この時期に開版・書写された仏典としては，*Suvarṇaprabhāsa*（『金光明経』）の写本（1578-1579），アルタン・ハーンの命による梵・蔵・蒙・漢の合壁版本 *Mañjuśrīnāmasaṃgīti*（『文殊師利一百八名梵讃』1592），*Gośṛṅgavyākaraṇa*（『牛首山授記経』1605）などが確認されている[137]。

次いで，「モンゴル最後のハーン」であるリクデン・ハーン（Ligdan / Ligden / Lindan qaγan ; 在位期間　1603-1634）もまた，仏典翻訳事業，特にカンギュルの翻訳を命じた。青字に金文字を施した豪華な写本と，その写しが５点あったといわれるが，現存するものは確認されていない[138]。このチベット語からモンゴル語への翻訳事業は，1628から1629年間というわずかな間に行われたと伝えられるが，これは，Heissig（1964）にもあるとおり，すでに出来上がっていた翻訳経典を書写・改訂していたと考えるのが妥当であろう。108巻にも及ぶ膨大なテキストであるチベット・カンギュルをわずか１年の間でモンゴル語に全訳，書写するというのはいかに考えても至難のわざである。また，そこまでして彼が仏典翻訳事業に拘ったのは，当時，政治的に追いつめられていた自身の権威を復興させるためであったと思われる[139]。

では，その「出来上がっていたテキスト」とは，どのようなものなのだろう。例えば，『アルタン・ハーン伝』には，アルタン・ハーンの死後，彼の遺族が1602から1607年間に108巻のモンゴル・ガンジョール

136)　1578年，青海にて第３代ダライ・ラマであるソナム・ギャンツォ（bSod nams rgya mtsho; 1543-1588）と会見したことにより，両者の関係は確立したといえる［cf. 吉田（1998），pp. 59-61，160-162，512-513: 岡田（2010），pp. 78-79.］。

137)　樋口（1991），p. vi.

138)　Walter Heissig, *Ein Volk sucht seine Geschichte*, Düsseldorf-Wein; Econ Verlag, 1964, S. 139.

139)　Heissig（1964），S. 138 ff.

（カンギュル）を完成させた，との所伝が見られる[140)]。この記述は，Heissig（1964）の推測を支持するものになりえる。もっとも，この所伝ひとつをとって，アルタン・ハーンの遺族の要請によって，17世紀初頭にモンゴル・ガンジョールが完成していたと確定するのは早急でもあろうから，この事項についてはさらなる証左と研究が必要ではある。ただ，いずれにせよ，北元時代になると，すでに相当量のモンゴル仏典が翻訳，あるいは編纂されていたと考えておいてよいだろう。

つづいて清朝（1644-1912）期に入ると，康熙帝（在位期間　1662-1722）治下においてモンゴル大蔵経刊行が執り行われた。このときはガンジョール（カンギュル）の編纂が行われ，1718年に出版された[141)]。なお，

140)　tegünü qoyina namutai sečen qaγan ǰönggen / qatun < inu > qung tayiǰi γurbaγula degedü / boγda qaγan u törü yi nom un yosuγar / yabuγuluγad. . tegsi burqan baγsi yin / nomlaγsan ǰaγun naiman ganǰur nom i mongγul un keleber : tere čaγ tur sirege tü / güsi čorǰi ayusi ananda manǰushiri / güsi γaiqamsiγ γurban tümen ü kelemürči merged iyer . . qar-a / bars ǰil eče ulaγan qonin ǰil kürtele ber . . / qamuγ nom ud i bürin tegüs orčiγuluǰu / bür ün. . γayiqamsiγ ǰokistai a debter / tür orusiγulǰu talbibai ∷ ［吉田（1998），p. 107］

そののち，ナムタイ＝セチェン＝ハーン，ジュンゲン＝ハトン，ホン＝タイジの３人は，尊い聖ハーンの政を法に則って行い，等しく御仏の説いた百八【巻】のガンジュルという法をモンゴル語に，そのときにシレート＝グーシ＝チョルジ，アユーシ＝アナンダ＝マンジュシリ＝グーシなどと，驚嘆すべき三トゥメンの通事や賢者たちに，黒い寅年（1602）から赤い未年（1607）に至るまで，一切諸法をすべて翻訳させて，驚くべく適切に書籍となして安置した［同上，pp. 202-203］。

この所伝について，吉田（1998）は，Heissig（1964）の指摘も踏まえた上で，以下のような注を付けている。

ハイシッヒ氏は，ガンジュルのモンゴル語訳はチャハルのリクダン＝ハーンの指導と発案で1628－1629年の間に行われたとするモンゴル史書の記述に疑問を呈し，リグダンの指図によって翻訳されたとする多くの作品は，1628－1629年より以前にすでにトゥメド地方で翻訳されており，リクダン＝ハーンはその翻訳の委任者の名前を自分の名前に置き換えただけであるとの見解を本伝の記述内容が知られる以前にすでに発表していた。その後ハイシッヒ氏は，本伝に関する論文で§§382－383のカンジュルのモンゴル語への翻訳についての記事を，仏教経典の翻訳と普及の歴史についての重要な情報であると認めながら，同様の記述が他のモンゴル語史料に見られないことから，それが真実であるか否か可能な限り調べなければならない，と述べている（Heissig "Zur " Biographie des Altan Khan" der Tümed（1507-1583）" *Ural-Altaische Jharbücher* I. Neue Floge Band 4（1984）: 187-221.）［同上，p. 410］。

先に述べたリクデン・ハーンの下で編纂されたモンゴル語仏典が，このときのモンゴル大蔵経編纂に，少なからず利用されていたといわれる[142]。その後，乾隆帝治下（1736-1795）ではテンギュルの改訳や印行も行われ，1748年に出版された[143]。

現在，我々が比較的容易に目にし得る『モンゴル大蔵経』は，この清朝期に編纂，印行されたものである。ただし，金岡（1954）が指摘するとおり，康熙満洲語大蔵経のように「一日にして即成した」ものではなく，モンゴルがチベットから仏教を受容した時代，すなわち元朝期から，翻訳事業はおそらく断続的にでも続けられてきたのであろう[144]。

ここまで主に史書に基づいてモンゴル大蔵経の成立について概観してみたが，やはり史書に見られる所伝だけでは釈然としないものが残る。もう少し，具体性のある証左がないものか。

ここで，いちど史書の記述から離れ，仏典テキストそのものに視線を戻し，モンゴル仏典翻訳の経緯を示すような要素を探してみたい。

---

141)　樋口（1998），p. 11.

142)　Walter Heissig, *Die pekinger lamaistischen Blockdrucke in mongolischer Sprache*, Wiesbaden; O. Harrassowitz, 1954, SS. 8-25.

143)　Heissig（1954），SS. 84-85：樋口（1998），p. 11.

144)　金岡（1954），p. 56.

2 モンゴル語訳『ラリタヴィスタラ』

前章まで参考資料として扱って来たモンゴル語訳の『ラリタヴィスタラ』は，チベット語訳のそれと同じく，「大蔵経」のうちの「ガンジョール（カンギュル）」に納められている。つまり，「モンゴル大蔵経」の一部といえる。

さて，このモンゴル語版『ラリタヴィスタラ』の奥書を見ると，モンゴルのハーンとして最後に即位したリクデン・ハーンが，サムダン・センゲ（Sam dan seng ge （tib. bSam gtan seng ge））という人物に命じて訳させたことが記されている。ただし，この最後の皇帝は当時すでに斜陽の態をなしていた自らの権勢を回復させようと終生躍起にならざるを得なかった，いささか気の毒な人物で，どうやらモンゴル大蔵経の翻訳事業もその打開策のひとつであったらしいことは，前述のとおりである。

一方，モンゴル・カンギュルの奥書には，その翻訳事業に，ウイグル人僧侶であるチューキ・ウーセルが関わっていたとの所伝が見られるのも，前に述べた。彼には少しばかり謎が多いのだが，ここでは「ウイグル人」として伝えられている点にあえて着目しておきたい。そして，もうひとつ，我々が念頭におかねばならないのは，ウイグルは少なくとも15世紀頃にはすでにイスラム化しているということである。つまり，公的な立場でモンゴル仏典の翻訳スタッフとして携われるウイグル人の存在は，それ以前の時代を想定するのが妥当だ。

さて，次に問題となるのは，この奥書の信憑性である。つまり，「モンゴル・カンギュル作成において，本当にウイグル人の関与があったのか」という問題に着眼点をしぼる必要があるのだ。ここで，テキスト本文にウイグル人関与の痕跡が認められれば，モンゴル・カンギュルの作成が元朝期にまで遡る可能性は，格段に高くなるだろう。そこで，本章では，言語学における成果を活用したアプローチを試してみたい。

3 ウイグル人僧侶のあしあと

現存するモンゴル語大蔵経の中のテキストとは別に，すでに元朝期作成と認められるモンゴル語仏典は存在している。そして，言語学的な分析により，それらのテキストには古ウイグル語の影響の存在が認められている。本書で取り上げた『仏の12の行い』もそういったテキストのひとつであり，その古ウイグル語の片鱗は，主として，独特の音韻変化の規則を伴ったサンスクリットからの借用語に見受けられる[145)]。

しかし，モンゴル大蔵経に含まれるテキストを読んでいても，古ウイグル語の影響を受けたサンスクリット借用語に出くわすことは，決して珍しいことではない。もちろん，モンゴル語訳『ラリタヴィスタラ』も，その例外ではない。例をあげよう。

以下のものは，『ラリタヴィスタラ』のサンスクリット語，チベット語，モンゴル語の各テキストより，四天王の名称を抜粋したものである。（　）内の skt., tib., mong. といった略号は，それぞれ，サンスクリット語，チベット語，モンゴル語を表している。また，以下の語はすべて『ラリタヴィスタラ』の各言語によるテキストから抽出した。

---

145)　cf. 庄垣内正弘，「'古代ウイグル語'におけるインド来源借用語彙の導入経路について」，『アジア アフリカ 言語文化研究』第15号（1978），pp. 79-110.

SHŌGAITO Masahiro, “On Uighur elements in Buddhist Mongolian Texts”, *The Memoirs of the Research Department of the Toyo Bunko* 49 （1991）, pp. 27 - 49.

Masahiro Shōgaito, “Uighur influence on Indian words in Mongolian Buddhist texts”, *Indien und Zentralasien*, Veröffentlichungen der Societas Uralo-Altaica, Band 61 （2003）, Wiesbaden, pp. 119 -143.

	(skt.)	(tib.)	(mong.)
持国天	*dhṛtārāṣṭra*	yul 'khor srung	diritistiri
増長天	*virūdhaka*	'phags skyes po	virudaki
広目天	*virūpākṣa*	mig mi bzang	virubaksi
毘沙門天	*vaiśravaṇa*	rnam thos kyi bu	vayiširavani

これらの語彙を見比べて，一番下に並べられたモンゴル語の形が，真ん中のチベット語よりも上のサンスクリット語の形に近いことにお気づきだろうか。ちなみに，四天王のように，比較的ポピュラーな神格名は，例えば，『翻訳名義大集』といった，清朝期にはすでに存在していた仏教用語辞典にも記載されている。参考までにそれらの語を引いてみると，

持国天	…	orun ulus-i sakiγči （3144）
増長天	…	ülemǰi törülkitü（3145）
広目天	…	sayin busu nidütü（3146）
毘沙門天	…	sayitur sonusuγči-yin köbegün（3143）[146]

とある。対応するサンスクリット語とチベット語は先にあげた内容と変わらないので，ここでは省略したが，前にあげた『ラリタヴィスタラ』のモンゴル語語彙とはずいぶん異なる形であることが分かるだろう。これらは，チベット語をそのまま逐語訳したもので，それぞれ「国土を守る者」，「高貴な生まれの者」「醜い目をもつ者」「よく聞く者の子息」と訳すことができる。これらを見ると，清朝期にはすでに定まっていたは

146)　リストの（　）内の番号は，『翻訳名義大集』に記載された番号。また，それよりも後世に編纂された仏教辞典『明慧宝鏡』にも同様の規定がなされていた。参考までに，後者の番号をあげておくと，持国天1531，増長天2348，広目天6298，毘沙門天6371となっている。

ずの仏典用語が，モンゴル語版のラリタヴィスタラでは使用されていないことが分かる。

さらに，もうひとつ例をあげよう。菩薩が成道間近であることを察知した死魔（*Māra*）が，菩薩の妨げをしようと，自らの息子の軍勢を差し向けようとする場面がある。そこには，死魔の息子28名の名がそれぞれ明記されているのだが，それらの中で，サンスクリット語からの音写と見られるものをいくつか取り上げてみる。

（skt.）	（tib.）	（mong.）
sārthavāha	ded dpon	sartavaki
durmati	blo gros ngan pa	durmati
madhuranirghoṣa	dbyangs snyan	［m］adargosi[147)]
dīrghabāhu	lag ring	dirgabaqu
brahmamati	tshangs pa'i blo gros	baraqam-a mati
siṃhamati	seng-ge'i blo gros	singqamati

さて，ここで，ひとつの規則が見えてこないだろうか。四天王の名称も含め，ここまで見て来た，サンスクリット語からの借用と思われるモンゴル語の訳語は，並べてiもしくはuの音で終わっている。さらによく比較してみると，サンスクリット語の方がaで終わっている語は，すべて語末音がiに変換されていることが確認できるだろう。

一方で，少し異なる例を示しておきたい。いわゆる「曼荼羅」を表す語は，

147)　語頭の子音mが欠損していると見られる。

(skt.)	(tib.)	(mong.)
maṇḍala	dkyil 'khor	mandal

となっているし，数を表す単位である「那由他」には，

(skt.)	(tib.)	(mong.)
nayuta	khrag khrig	nayut

といった対応関係が見られた。これらの例では，サンスクリット語では語末が *–a* となっているが，モンゴル語では語末母音が欠落しているように見える。

さらに例をあげよう。これは，菩薩が悟りを得た菩提樹に宿る樹神の一柱の名だが，対応を見ていくと，

(skt.)	(tib.)	(mong.)
ojobalā	mdangs stobs	oǰusbali

となっている。また，供養者として登場するスジャーターについては，

(skt.)	(tib.)	(mong.)
sujātā	legs skyes ma	suǰati

と表記されていた。ここでも着目されたいのは，モンゴル語のサンスクリット語との類似と，その語末である。サンスクリット語では *–ā* で終わっている語が，モンゴル語では –i となっていることが確認できるだろう。

例示が続いたが，つまるところ，これらが本書で何度か述べて来た，

「モンゴル語仏典に見られる古ウイグル語の影響」である。

ここで，古ウイグル語仏典に見られるサンスクリット語借用語と，モンゴル語仏典に見られるその影響について，Shōgaito（2003）に沿って簡単に説明しておこうと思う。この中では，元代作成のモンゴル語仏典の語彙例として『仏の12の行い』中の語が取り上げられており，本章での議論には欠かせない業績でもある。

まず，Shōgaito（2003）の中で示されている，サンスクリット語と古ウイグル語の対応関係について取り上げてみると，以下のようになる[148]。

1．サンスクリット語語末（有生物）*-a* / *-ā* …… 古ウイグル語語末 –i
2．サンスクリット語語末（無生物）*-a* / *-ā* …… 古ウイグル語語末　母音なし
3．サンスクリット語末　*-i* / *-ī* …… 古ウイグル語語末 –i
4．サンスクリット語末 *-u* / *-ū* …… 古ウイグル語語末 –u

次に，サンスクリット語とモンゴル語の対応関係について示されたものをまとめると，次のような表になる。なお，この表の中の（mong.）は『仏の12の行い』によるものであり，（skt.）は，それに対応するサンスクリット語である。

	（skt.）	（mong.）
有生物	*ānandita* *padmā*	anandati padmi
無生物	*pāramitā*	baramid

一方，*-a*，*-ā* 語幹以外のサンスクリット語語彙では，古ウイグル語仏典

148)　Shōgaito（2003），p. 120の表に基づき，本書において必要な音韻対応についてのみ取りあげた。

と同じく，有生，無生物の対立は見られない[149]。

	(skt.)	(mong.)
有生物	*ṛṣi* *śatabāhu*	arsi šatabahu
無生物	*dhāraṇī* *agaru*	tarni agaru

つまり，『仏の12の行い』に確認されたサンスクリット語借用語彙は，古ウイグル語とサンスクリット語の間に見られる音韻関係と同様のものであることが分かる。なお，このような古ウイグル語との類似は，『仏の12の行い』と同じく元朝期に訳された『五護呪（*Pañcarakṣā*）』にも確認されている。

確認までに，先にあげたモンゴル語『ラリタヴィスタラ』の語彙例の中から「サンスクリット語幹末*-a*，*-ā*（有生物）」と「モンゴル語語末 -i」の対応関係を示すものをあげておくと，次のようになる。

(skt.)	(mong.)
dhṛtarāṣṭra *virūdhaka* *virūpākṣa* *vaiśravaṇa* *sārthavāha* *madhuranirghoṣa* *ojobalā* *sujātā*	diritistiri virudaki virubaksi vayiširavani sartavaki [m]adargosi oǰusbali suǰati

また，「曼荼羅（*maṇḍala*）」は mandal，「那由他（*nayuta*）」は nayut であり，これらはいずれも「無生物語」である。つまり，先の頁で 2 としてあげ

149)　Shōgaito（2003），pp. 133 – 135 に基き，表にまとめた。

た「サンスクリット語語幹 *-a*（無生物）」と「モンゴル語語末母音なし」のグループである。

そして，有生物，無生物の対立に関係なく，サンスクリット語語幹末の形を残した 3，4 に相当する例としては，次の 3 つが該当するだろう。

(skt.)	(mong.)
dīrghabāhu	dirgabaqu
brahmamati	baraqam-a mati
siṃhamati	singqamati
durmati	durmati

ここまでの例はすべて有生物のものであるため，無生物語彙についても少し例を補っておくと，

(skt.)	(mong.)
ṛddhi	ridi
saṃghāṭī	sanggati
ketu	ketu odun[150)]

などがあげられる。

以上のように，清朝期に印行されたモンゴル語『ラリタヴィスタラ』にも，元朝期に訳された『仏の12の行い』と同じ特徴が見いだせることが確認できただろう。つまり，使用されている語彙の特徴から考えれば，モンゴル語『ラリタヴィスタラ』の翻訳テキストの成立は，元朝期にまで遡りうるのである。

もっとも，Poppe（1967）や Ligeti（1984）が述べていたように，これこそが『仏の12の行い』がモンゴル語『ラリタヴィスタラ』作成に関わっている証左ではないか，との意見が出るかもしれない。元朝期の影響が

150)　odun はモンゴル語で「星」を意味する。ketu（「計都（ケートゥ）（彗星）」）に「星」の語彙を補った形。

見出せるということはつまり，『ラリタヴィスタラ』の翻訳が『仏の12の行い』を参考にして行われたという証左ではないか，と。しかし，その可能性はきわめて低いといわざるをえない。なぜなら，例えば死魔の息子の名だけを見ても，『仏の12の行い』は，sartavaki，durmati，darmarati の3者をあげるのみである。モンゴル語『ラリタヴィスタラ』には，それを上回る数の古ウイグル様式による名称が記載されているのは，先にあげた例からも容易に確認できるだろう。

ならば，モンゴル語『ラリタヴィスタラ』と『仏の12の行い』には，その成立において，何の関係性もなかったのだろうか。その点については，確たる結論は出せないにせよ，やはり何らかの共通性は想定しておいた方がよいように思う。モンゴル語『ラリタヴィスタラ』には，わずかであるが，そのチベット語原典に一致しない記述が見られるのだが，それと同じものが『仏の12の行い』にも確認されるためだ。

まず，ブッダの成道を妨げようとする死魔を退ける存在として，『仏の12の行い』，『ラリタヴィスタラ』ともに大地の女神の登場を伝えている。問題となるのは，その名前だ。『仏の12の行い』では，yasodari となっており，Poppe（1967）は *Yaśodharā* をその原語と考えている[151]。一方，『ラリタヴィスタラ』ではサンスクリット，チベット，モンゴル語テキストは，次のようになっている。

(skt.)	(tib.)	(mong.)
sthāvirā	brtan ma	yasodari

これを見る限り，モンゴル語『ラリタヴィスタラ』の記述は『仏の12の

151)　cf. Poppe pp. 64, 157 ［folio 60a7］.

行い』のそれと一致しており，*sthāvirā* というサンスクリット語とはまったく違う語になっている。そうかといって，チベット語 brtan ma の意味する「堅固なる女性」をそのまま訳したものかといえば，そうでもない。yasodari すなわち *yaśodharā* という名は「名声ある女性」を意味するからだ[152)]。

つまり，問題は，両者ともに大地女神の名の訳としてチベット語にもサンスクリット語にも遡り得ない yasodari（もしくは vasudari[153)]）を記している点である。この両者の訳語は，何に基づくものなのだろうか。

さらに例をあげると，Poppe（1967）や Ligeti（1984）がすでに指摘しているとおり，『ラリタヴィスタラ』には，『仏の12の行い』とよく似た偈頌がいくつもある。もっとも，『仏の12の行い』自体が『ラリタヴィスタラ』と，物語の筋書きにおいてはよく一致するのだから，よく似た偈頌があること自体は，大きな問題ではない。ここで取り上げたいのは，モンゴル語『ラリタヴィスタラ』に，チベットおよびサンスクリット語テキストに遡れない記述があり，しかもそれと同じようなくだりが『仏の12の行い』にも見られる，という点である。

その記述を含むのが，『ラリタヴィスタラ』第13章の第89偈だ。これに対応する内容をもつのは『仏の12の行い』第 6 章の24番目の偈頌なのだが，まず，チベット語とサンスクリット語の『ラリタヴィスタラ』の

---

152)　この yasodari については，まだ再考の余地があると思われる。なぜなら，モンゴル語仏典に使用される文字の問題のだが，y はしばしば v と同じ形で綴られることがある。さらに，モンゴル文字は，o と u を区別しない。そこで，これらも置き換えてみると，vadudari という語が出来上がる。「大地」に関するもので，この音に近いサンスクリット語を想定しなおすならば，筆者はまず，「*vasudhārā*（財を有する女性）」という語をあげたい。

一見，話がより複雑になったかに見えるが，これは地下の財（宝石など）を守護するクベーラの別名を女性形にしたものと考えていただきたい。つまり，モンゴル語訳者は，大地の女神を意味するチベット語 brtan ma（堅固なる女性）から「大地の守護者」として，この語を想定したのかもしれないのだ。しかし，筆者は寡聞にして，*vasudhārā* が大地女神を示す具体的な例を見ていない。ここではあくまで推測の域をでないものとしておきたい。

153)　前掲注を参照のこと。

内容を示そう。

死とは生まれ変わり，消え去り，死んでしまうこと。
いつも，愛しい［人］や財との別れとなる。
再びやってくることもなければ，また相会うこともない。
あたかも，河の流れの中の木の実や木の葉のように。

この詩文の訳として，モンゴル語『ラリタヴィスタラ』は，次のように詠う。

すべての河川がたったひとつ海に注ぐように，
すべては唯，死の口に入る。
死んで転生する死の時になれば，
愛しく大好きな人々から否応なく離されて，
ただ独り行き，戻って後に会うこともない。
樹から［落ちる］葉［や］果実のようになり，龍の飾り[154]に等しい。

下線部に示した箇所は，チベット語にもサンスクリット語にも遡ることができない内容である。また，この偈文だけ，他のものよりも2句多く，下線部の記述が，付加されているようにも見える。一方，『仏の12の行い』には，このような偈頌が記されている。

すべての河川が唯ひとつの海に注ぎ込むように，
すべては唯，死の口に入る。
愛おしく大好きな人々から否応なく離され，
ただ独り行き，戻って会うこともない[155]。

この冒頭の2行の内容が，『ラリタヴィスタラ』のモンゴル語訳の下線

154) luus-un čimeg.　チベット語テキストのklu'i rgyanを訳したものだが，意味はよく分からない。外薗（1994）は，このチベット語テキストの箇所をrgyunとし，サンスクリット語テキスト-*srota*と一致するものとしている［p. 639］。

箇所によく一致していることが確認できるだろう。このくだりは，Ligeti（1984）も，『仏の12の行い』とモンゴル語『ラリタヴィスタラ』の共通事項として注目している。

もっとも，これらだけではこの2つのモンゴル語テキストの直接的な関係性を示すものとはいえないように思う。むしろ，ここまで「差異」として確認された他の要素を考えると，両者に直接的な関わりがあったと考えるよりも，何らかの共通する別のテキストの存在を想定するほうが妥当かもしれない。いずれにせよ，これら問題については，さらなる資料の確認作業が必要であり，現段階で結論を出すのはむずかしい。今後の課題としたい。

4　モンゴル語訳『ラリタヴィスタラ』の翻訳者像

さて，ここで，改めて疑問が湧いてくる向きもあるかもしれない――モンゴル語『ラリタヴィスタラ』には，サンスクリット語からの借用語が少なからず見られ，また，そこには古ウイグル語の影響があることは分かった。ならば，この底本は何語で記されていたのだろうか。

その答えは，やはり従来からいわれているとおり，チベット語であろうと思われる。モンゴル語に訳した訳経官たちは，わざわざ，チベット語をサンスクリット借用語に「変換」していたのだ。それも，古ウイグル語の語形で。以下に，例を示そう。これらもまた，死魔の息子たちの名である。

155)　qamuγ möred γaγča dalai-dur čidququi metü :
qamuγ-iyar γaγča ükül-ün aman-dur orumui :
qayiran sayid-ača qalaγar erke ügei qaγačaγaγuldaǰu :
γaγčaγar odču qariǰu ülü ǰolγalduγulumui :: / / 24/ / [5b11–17]

(skt.)	(tib.)	(mong.)	
dharmakāma	chos 'dod	darmarati	< *dharma* + *rati* >
siddhārtha	don grub	arta sidi	< *artha* + *siddhi* >
dharmarati	chos dga'	darmanandi	< *dharma* + *nanda* >
vāta java	rlung gi shugs	vayuvegi	< *vāyu* + *vega* >

先ほどの例示と同じく，左列から順に，『ラリタヴィスタラ』のサンスクリット語テキスト，チベット語テキスト，モンゴル語テキストから抽出してきた対応語彙である。それぞれ対応する部分を「分解」し，実線と点線で示した。モンゴル語の隣に＜　＞内に示したのは，モンゴル語訳者が再現しようとしたと思われるサンスクリット語である。

さて，この一覧に基づくと，モンゴル語は，チベット語の語順に従って訳されていることが分かる。さらに，＜　＞内も参考にすれば，必ずしもサンスクリット原本と同じ語彙を用いているわけではないことが，読み取れるだろう。ちなみに，サンスクリット原本の語と異なるものは，それぞれの異形同義語にあたる。つまり，これらはチベット語を介してサンスクリット語彙を想定して作られた訳語であることが，確認できる。

ただ，ここでさらにもうひとつ問題が浮上する。実は，『ラリタヴィスタラ』をモンゴル語訳した翻訳者は，必ずしもサンスクリット語に完璧に通じていたわけではなさそうなのだ。サンスクリット語に変換しきれないものは，そのままモンゴル語に訳してしまっている。同じく，死魔の息子の名から例をあげてみよう。

(skt.)	(tib.)	(mong.)	
ekāgramati	blo gros rtse gcig	nigen agaramati	… 1

puṇyālaṃkāra	bsod nams brgyan	buyan-iyar čimeg-tü	… 2
siṃhanādin	seng-ge sgra sgrog	arslan-u daγun-i daγurisγaγči	… 3

こちらの表には，便宜上，モンゴル語に番号を付けておいた。

まず，1については，実線で示した箇所（意味はいずれも，数の「1」を表す）のみがモンゴル語に訳され，点線箇所はサンスクリット語に変換されている。2は，サンスクリットに還元することなく，チベット語に従った例と見られる。ただし，訳する際には格助詞を補っている。3も同じくチベット語の訳語をそのままモンゴル語に訳した例である。こちらは，助詞以外にも補足を加えているため156)，チベット語にもサンスクリット語にも対応しない語が現れている例といえる。

さて，以下は仮説である。

こういった翻訳は，どのような人物の関与を受けて出来上がったのだろう，ということについて考えてみたい。

ここにあげたのは，わずかに四天王の名称と，死魔の息子の名ではあったが，それらだけを見ても，例えば『翻訳名義大集』というような「仏教語辞典」には残されていない類のサンスクリット語を次々と出してきている。おそらくは，なかなかのサンスクリット通が翻訳作業に関わっていたと思われる。ただし，「1（*eka*）」のような基本的な語彙を翻訳できていない所を見ると，サンスクリット語を専門的に習得していたかどうかは，疑わしい。少なくとも，インド人僧侶，もしくはインドで仏教を学んで来た人物ではないだろう。むろん，チベット語には精通しているのだろうが，サンスクリット語をわざわざ古ウイグル語の形に変換しているのだから，なによりも，古ウイグルに通じた人物の関与が必

156)　*siṃhanādin*「獅子の声もつもの」/ seng-ge sgra sgrog「獅子の声」/ arslan-u daγun-i daγurisγaγči「獅子の声を上げるもの」

要だ。サンスクリット語を古ウイグル語の方式で想定してゆく，という作業を比較的容易にできた存在として，やはり，ウイグル人を考えてもよいと思う。

ただし，こういったウイグル人，それも，仏教的な知識をもち合わせた人材の関与があった時代がかぎられているのは，前述のとおりである。モンゴルとの関係を考えるのであれば，やはり元朝をおいて他になさそうである。

ここで，今一度，モンゴル仏典翻訳に関する諸々の史書の記述，そして，その信憑性が疑う向きもあった『モンゴル・カンギュル』の奥書の記述を思い出していただきたい。いずれも，ウイグル人 —— なかには，具体的に「チューキ・ウーセル」なる人名まであげているものもあった —— の関与が伝えられていた。チューキ・ウーセルが本当にウイグル人かどうかはまだ歴史の霧の向こうではあるが，ウイグル人がモンゴル・カンギュル成立に関与していたというのは，テキストの記述を通しても充分想定し得ることではないかと思われる。

もっとも，このような見解は，まだあくまで「仮説」の段階としておきたい。筆者が見たのは，モンゴル・カンギュルの一部にすぎない。古ウイグル語の影響が，全108巻にも及ぶモンゴル・カンギュルにどの程度見られるのか，さらに，テンギュルの方はどの程度なのかなど，まだまだ確認されなくてはならない事項は多い。

5 まとめ

本節では，モンゴル語による仏伝『仏の12の行い』が，単なる「抄本」ではないことを示した。このテキストは，おそらく，インド生まれの仏伝『ラリタヴィスタラ』に構想を得，その他の仏伝や本生譚（ジャータカ）に見られるエピソードも取り入れて新たに作成された，いわば「嵌め木細工」にも喩えられるような作品である。むろん，大蔵経などに収められるような，いわゆる「正当な」翻訳テキストには入らないだろう。ただ，奥書にもあるとおり，貴族と見られる人物の目にとまり，モンゴル語への翻訳がなされているのを見れば，もともと俗人向けに，ブッダの生涯を分かりやすく説く目的で作成されたものではないかと思われる。

ところで，ここでも見てきたとおり，モンゴルの仏典は，ただの「チベット語を訳したもの」では片付けられない要素を含んでいる。たしかに，基本的な底本がチベット語であるのは確かだろう。しかし，特に固有名詞を中心に，古ウイグル語形式のサンスクリット語を多用する点，また，わずかとはいえ，そもそもチベット語テキストに記載されていたのか不明なくだりが見られる点など，どうにも現存のチベット語テキストだけでは解決できそうにない問題を突きつけてくる。

いくつかの史書が言葉少なに伝えてくるとおり，おそらく，元朝時代からモンゴル語への仏典翻訳は始まっていたのだろう。だが，周知のとおり，この遊牧民族国家は，わずか100年ばかりで，せっかく築きあげた本拠地である大都（現在の北京）を引き払ってしまった。その後も翻訳事業はおそらく継続されているのだが，やはり詳細はよく分からない点が多い。翻訳事業の発起人が，その時々の権力者であったという点も，翻訳史を不明確にしているひとつの要因かもしれない。特にモンゴル高原は元朝崩壊後も権力抗争が繰り返され，安定した権力の委譲が続かないまま，清朝の支配下に入ってしまったからだ。

この，おそらくは断続的な翻訳作業のすべてを明らかにするには，よりいっそう多くの資料と時間を費やさねばならないだろう。ただ，本書においては，モンゴル仏典，特に，現存するモンゴル・カンギュルに収められているテキストの出現は元朝期にまで遡りえるものであるということ，また，モンゴルに仏教が導入される際に，ウイグル人の協力があったということが，テキストの記述からも読み取れるということを明らかにしたつもりである。

モンゴルは，いわば「仏教の最北端」にあたる。インドで生まれた仏教が，ヒマラヤを越えて遥か草原の国に到達するまでに，通過点であるチベットはもちろん，中央アジアの要素も取り込んで行った痕跡を，テキストを通じて，我々はたしかに目にすることができるのである。

後　編

『ジャータカ』から『今昔物語集』まで

モンゴルを仏教の北端地域と位置付けるなら，日本は仏教の東端といえるだろう。インドで発生した仏教は北方にも伝播したが，その進路のひとつとして，中央アジアを東に横ぎるものがある。この進路は，ほぼシルクロードに重なるといっていい。したがって，その最終到着地点は日本である。

本邦が公に仏教を受容したのは，欽明天皇の時代（6世紀）にまで遡る。前遍でみたモンゴルに比べると，はるかに早い。つまり，この国における仏教は，軽く1000年以上の月日をかけて文化風土に適応し，今日に至っていることになる。そうして，土着の信仰との融合や，「日本仏教」と称される新たな思想の形成にとどまらず，多くの芸道や芸術，また，文芸や説話類といった文化面にもひろく浸透し，影響を及ぼしてきた。

そういった，仏教的な影響を示す作品のひとつとして，本編では仏教説話集『今昔物語集』を取り上げてみたい。この1000もの物語をもつ集成が，現在，われわれが目にする形にまとめられたのは，12世紀ごろであるといわれる。「天竺部」「震旦部」「本朝部」の3部で構成されており，その名が示すとおり，インド，中国，日本のそれぞれを舞台とする「昔話」が記されている。話のジャンルも幅広いもので，仏典にみられるような仏教説話やその他神仏にまつわる霊験譚をはじめ，史話，寓話，巷間に生きる庶民の間におこった事件など，実にバラエティ豊かである。ただ，謎めいたことに，これだけの執筆・編集作業を誰が成し遂げたのか，つまり，作者（正確には，「撰者」）が誰なのかという点は，いまだに解明されていない[1)]。

さて，本編では，この魅力あふれる本邦成立の説話集成より，インド生まれの物語をひとつ取り上げたい。ちなみに，インドを舞台とする物

1)　cf. 池上 洵一（編），『今昔物語集』（天竺・震旦部），東京；岩波書店，2001年，p. 403 ff.

語を集めた「天竺部」はブッダの誕生話（「釈迦如来，人界に宿り給へる語第一」）から始まっている。これは，『今昔物語集』そのものの冒頭にもあたるのだが，仏の誕生から語り始めるという構成には，やはり，仏教に対する編者の特別な想いが反映されているようにみえる。

仏教の北の果てが先に見てきたモンゴルの地であったとするなら，日本はその東の果てである。インドで生まれた物語が，仏教という思想にともなってユーラシア大陸のおよそ東半分を横断し，その東端の地に辿り着くまでにどのような変容を遂げたのかを，これからみてゆきたいと思う。

物語の伝搬と変遷を追って多くのテキスト間のつながりを読み解くことは，徐々にその色彩を変化させてゆく織物を眺めるような感がある。そもそも，物語を含め，文化や知識といったものはしばしば，国や言語の境界線をいとも軽々と超えていってしまう。そして，行く先々で変容し，適応をとげ，全体としてはグラデーションのような様相を呈してゆくのだ。こういった現象を，特に，「仏教」の中に見いだす場合，東端の島国に住する我々は，同じく仏教文化圏に含まれる他の地域との差異を認識すると同時に，共通性をも再確認することができるだろう。そして，それは自らの属する文化へのより深い理解にもつながってゆく。

ところで，これからみてゆくものは，この「天竺部」の中のひとつなのだが，実のところ，ことさら仏教の教えにまつわる教訓譚でもなければ，前編で扱ったようなブッダの伝記（仏伝）でもない。1頭の空を飛ぶ不思議な馬と，スリランカ建国にまつわる物語である。

天空をゆく馬の物語

はじめに

前に述べたとおり，『今昔物語集』は「天竺部」で始まる。その第1巻から第4巻までは，ブッダや往時の王，また，仏弟子たちにまつわる物語が収められているのだが，第5巻に入ると，ほとんど寓話集の態をなしてくる。物語の源泉や関連話がよくわからないものがある一方，仏典に伝わるブッダの前世物語（「本生譚（ジャータカ）」*Jātaka*）に共通するものがあることまで明らかにされているものもある[2)]。

ところで，「ジャータカ」とは，一言で言えば，ブッダが前世でいかにすばらしい徳を積んだかということをテーマとし，ブッダの前世を語る物語群と考えてよい。ただ，物語といっても，「悟り」を得るには善行を重ねることが不可欠と考える仏教において，「ジャータカ」は，ブッダの偉大さをしめすものとして，あるいは，仏道を志す人々の理想を語るテキストとして，他の典籍類と同様，丁重に扱われてきた。とりわけ上座部仏教では，全部で547話にものぼる物語が，『ジャータカ・

2) cf. 今野達（校注），『今昔物語集』（一），東京；岩波書店，1999年，p. 338.
池上 洵一（編），『今昔物語集』（天竺・震旦部），東京；岩波書店，2001年，pp. 176-250 各話脚注。

アッタヴァンナナー（*Jātakaṭṭhavaṇṇanā*）』と称される集成となって残されている[3]。

　もちろん，大乗の伝統を主とする「北伝」の流れにもブッダの前世譚は数多く伝わっているし，その中でも特に人気を博した物語は存在する。例をあげるなら，我が国では，法隆寺の「玉虫厨子（たまむしのずし）」に描かれた「捨身飼虎図（しゃしんしこのず）」に示されている物語などがよく知られるところであろう。ある王子――これが，ブッダの前世とされる――が，崖の下で飢えて動けなくなったメス虎に自らの身体を食べさせ，その命を救ったという話である。またこの物語は，ブッダの前世の善行のひとつとして，例えば，『金光明經』の「捨身品」に伝えられている[4]。

　さて，話を『今昔物語集』第5巻に戻そう。前述のとおり，この中にはインド発祥の物語，それも，仏典に源泉を遡り得るものが少なからず見られるわけだが，本章では，その第1話「僧迦羅五百ノ商人共ニ羅刹国ニ至レル語（そうがらごひゃくのあきびととも らせつこくにいたること）」を取り上げようと思う。池上（2001）によれば，この物語の直接的な出典は明らかではないが，「源泉」は『大唐西域記』にある「スリランカ建国伝説」の第2話とされる。また，南伝，つまり上座部仏教に伝わる『ジャータカ』――本書では『ジャータカ・アッタ

---

[3] 上座部仏教の経典では，『ジャータカ・アッタヴァンナナー（*Jātakaṭṭhavaṇṇanā*）』，すなわち「ジャータカ解説書」としてパーリ三蔵の中に収められている。ジャータカの物語集成として現存するものは，この叢書のみで，オリジナルのジャータカ本体は発見されていない。物語は大抵，「3部形式」で語られる。つまり，

（1）ブッダ在世の時の物語。なんらかの事件や僧たちの間でのうわさ話，あるいは，何かしら問題のある僧侶あるいは俗人の話，事件などが語られる。

（2）前世物語。（1）の内容を受け，ブッダが弟子たちに向かって，関係者の前世を「ことの原因」として説き語る。

（3）結語。前世の存在と，現在の存在が関連づけられ，物語が締めくくられる。

また，（2）の中では，必ず，物語にまつわる韻文（偈頌）が述べられる。一説では，本来のジャータカはこの韻文のみであり，物語はいわばその「肉付け」として付加されたものと言われる。[cf. Wilhelm Geiger, *Pāli Literature and Language*, New Delhi: Munshiram Monoharlal Publishers, 1996 (Originally published in 1943 by Calcutta University, Calcutta), p. 30 ff.]

[4] 『金光明經』T. 663. vol. xvi（「金光明經捨身品第十七」中，354a17-356c21）。

ヴァンナナー』もこのように称することにする――第196話の「ヴァラーハッサ・ジャータカ」にも共通し，『宇治拾遺物語』91には同文的同話があることが示されている[5)]。

この物語の骨子は，海に出た商人が羅刹女の島に流れ着き，その危険から逃れるために，「ヴァラーハ（雲馬[6)]）」と称される，空を飛ぶ不思議な力をもつ白馬の力を借りて脱出する，というものだ。

実のところ，この種の話は，『ジャータカ』や漢文テキストの『大唐西域記』をはじめ，さまざまな仏教テキストに取り入れられており，原典にあたるサンスクリット語による文献はもちろんのこと，その翻訳であるチベット語やモンゴル語のテキストの中にも伝わっている。さらに興味深いことに，この馬の物語は同じ構成で伝えられているわけではなく，いくつかのヴァリエーションが存在しており，おおまかにみて，馬による救済譚のみを語る物語と，その後の後日譚として，スリランカ建国譚が続くものの2種に分けることができる[7)]。

まずは，このインド発祥の説話が『今昔物語集』に入るまでの経緯について考察する前に，すでに関連話として指摘されている「ヴァラーハッサ・ジャータカ」のあらましを紹介しよう。なぜなら，おそらくこの物語が「雲馬譚」の中では「原型」に最も近いものと考えられるからだ。

---

5)　池上（2001），p. 176.

6)　パーリ語では *Valāha* もしくは *Vālāha*，サンスクリット語テキストでは *Balāha*, *Bālāha* と称される。また，類話の中にも馬の名を *Keśin* とするものがあるなど，ヴァリエーションが確認される。なお，「雲馬」という訳語は，干潟龍祥，増補改訂版『本生経類の思想史的研究』（附篇），東京：山喜房，1978年，p. 151の表記に従った。

7)　詳細は拙稿を参照されたい。（山口周子，「「雲馬王譚」の変容―*Jātaka* から『今昔物語集』まで―」，『佛教史學研究』第54巻第2号（2012），pp. 1–27.）

1　雲馬（ヴァラーハッサ）ジャータカ

さて，以下に，『ジャータカ』第196話「ヴァラーハッサ・ジャータカ（*Valāhassajātaka*; 雲馬本生譚[8]）」のあらすじを示そう。

昔，タンバパンニ島[9]に，夜叉の街があった。そこに住まう夜叉女らは，航海中の人々が難破して漂着すると，美女に姿を変えてこまやかに歓待する。さらに，「自分たちの夫も海に出たまま3年戻って参りません。きっと亡くなってしまったでしょう」などと言って，漂着した男たちを夫にしてともに住まう。しかし，新しい遭難者が流れ着くと，同じようなやり方で彼らを夫に迎え，前にやって来た男たちの方は牢屋に放り込み，順次，食べてしまうのだった。

ある日，500人の商人が遭難し，島に流れ着いた。美女に姿を変えた夜叉たちと暮らし始めたが，ある夜，隊商長が「妻」の正体に気付く。仲間に脱出を持ちかけるが，半数の250人は，各自の「妻」への未練があり，島に残ると言い張った。そこで，隊商長は残りの半数の仲間とともに逃げ出す事にした。

ちょうどそのとき，菩薩（ブッダの前世）は「雲馬（ヴァラーハッサ）」として生まれていた。彼はヒマラヤから空を飛んでタンバパンニ島にやってきて，海岸でエサを食べながら，「人の国に戻りたい人はおりますか」と人の言葉で3度呼びかけた。すると，あの商人の一行がやって来て，連れ帰ってくれるように頼んだので，神通力を使って彼ら一行を乗せて空を飛び，それぞれの郷里に送り届けた。一方，島に残った250人の商人たちは，次の遭難者が流れ着く

8)　*Jātaka* No. 196, Valāhassajātaka. Fausbøll（ed.）*The Jātaka, together with its commentary, being tales of the anterior births of Gotama Buddha*, Oxford; Pali Text Society, 1990-1991（Reprint of the 1877-1897 eds）, pp. 127-130）。［邦訳：前田專學 訳，中村元 監修・補注，『ジャータカ全集』第2巻，東京：春秋社，2008年。］

9)　*tambapaṇṇidīpa*,「銅色の葉の島」の意。漢訳テキストでは，「赤銅洲」と訳される。現在のスリランカ島にあたるといわれる。

と，夜叉たちに殺され，食べられてしまった。

ちなみに，その「雲馬」は，ブッダの前世の姿であり，助かった250人は，ブッダに付き従う人々の前世である。

以上のように，この物語は，雲馬（ヴァラーハッサ）と称される，不思議な空を飛ぶ馬による救済譚のみから成っている。先に述べた，2つのグループのうちでは前者にあたるほうだ。では，他にある「雲馬譚」とも比較して，この説話の類型について整理してみよう。その上で，『今昔物語集』にみられる「僧迦羅」の物語が，どのように位置付けられるのかを考えてみたい。

2「雲馬物語」の分類

(1) 物語の構成と関連テキスト一覧

前述のとおり，「雲馬」にまつわる物語には，『今昔物語集』に集録されているものも含め，いくつかのヴァリエーションが存在している。とはいえ，いくつかの共通要素を抽出することによって分類分けすることは可能だ。

分類に先立ち，まずは，この「雲馬」にまつわる物語のあらすじを紹介しよう。これからの考察に備え，便宜上，前半部分を「雲馬救済譚」（【A】），後半部分を「スリランカ建国譚」（【B】）として分けておく。

【A】昔，閻浮洲にある有能な隊商長がいた。彼は，財を求めて500人の仲間とともに航海に出るが，道程半ばで難破してしまい，とある島に流れ着く。そこには美しい女性たちが住んでおり，難にあった彼らを介抱し，さらにとても豊かな食事や品々で歓待してくれた。幾日か過ごすうちに，隊商の一行は，彼女らを娶ってともに暮らし始めた。

満ち足りた生活を送っていたある日，隊商長は，その女性らの正体が羅刹女であることに気づく。そこで，仲間とともに難を逃れることを決意し，神通力を有して空を飛ぶことのできるという，「雲馬」の助けを借りて島を脱出し，無事に故郷まで帰り着く事が出来た。

【B】そうして閻浮洲に帰り着いた隊商長を追って，かつての「妻」であった羅刹女が絶世の美女に姿を変えて街にやってくる。しかし，正体を知る隊商長は，復縁を迫る彼女に惑わされることなく，追い返そうとした。すると羅刹女は宮中に出向き，王に「夫」の不実を訴える。宮中に呼び出された隊商長は，すべての経緯を語り，その女性を退けるように勧めた。しかし，すでに羅刹女の美しさに心を奪われていた王は，隊商長を不問に付す一方，彼女を後宮に召し上げてしまう。そして，隊商長の懸念したとおり，ほどなく王は羅刹女に食い殺されてしまったのである。

跡継ぎの居ない王が頓死してしまうという緊急事態に直面した大臣らは，協議の上，あの隊商長を次期の王に推挙することに決めた。羅刹女の難を逃れて無事に帰国しただけでなく，その難を事前に予見し，しかるべき対応を箴言できた，信頼すべき人物である，というのがその主な理由だった。人々の推挙を受けて王位に就いた隊商長は，後難を除くため，軍を率い，羅刹女の島を制圧し，そこに新たな国を建てた。

以上が，共通する大まかな内容だが，詳細な点で，各説話間には違いが見られる。また，【A】に相当する内容だけで物語が終わるものと，【A】【B】双方の要素を兼ね備えたものとの2種に分類できるのは，前に述べたとおりである。

まず，ここで，この物語がどのようなテキストに記載されているのか，いくつかの先行研究の成果を総合的に整理し，「リスト」の形で紹介しておこう。ただし，モンゴル語テキストに関する情報は，筆者による「追加事項」である。

記載順は，使用言語によって分類したものである。また，［ ］内は，およその成立年代である。

・パーリ語テキスト

1．『ジャータカ』中の「ヴァラーハッサ・ジャータカ（*Valāhassajātaka*）」［前3世紀―5世紀[10]］

・サンスクリット語テキスト

1．『マハー・ヴァストゥ』中の「五百比丘の羅刹女島救出本生話[11]」（*Śāriputramaudgalyāyanapramukhānāṃ paṃcānāṃ bhikṣuśatānāṃ rākṣasīdvīpakṣiptānāṃ jātakaṃ*）[12]　［前2世紀 ―4世紀］[13]

2．『カーランダ・ヴューハ』（*Kāraṇḍavyūha*; 散文）［4世紀―5世紀］[14]

3．『カーランダ・ヴューハ』（*Kāraṇḍavyūha*（韻文）［14世紀―15世紀］[15]

・チベット語テキスト[16]

1．『根本説一切有部毘奈耶』（'Dul ba'i gzhi ; *Vinayavastu*（律事）のチベット語

10) *Jātakātthavaṇṇanā* の成立は5世紀ごろとの説があるが，不明な点も多く（cf. Wilhelm Geiger, *Pāli Literature and Language*, New Delhi, 1996, pp. 30-32），原型が紀元前3世紀にまで遡り得る物語もある。（cf. M.Winternitz, *Geschichte der indischen Litteratur*（Zweiter Band）, Leipzig, 1921, S. 95；邦訳　中野義照，『仏教文献』，和歌山：日本印度学会，1978年，p. 94）。

11) 平岡 聡，『ブッダの大いなる物語』（下），東京：大蔵出版，2010年，p. 219にある記述に倣った。

12) É. Senart（ed）, *Le Mahāvastu* 3, Tokyo : Meicho-Fukyū-kai, 1977（first ed, 1897）, pp. 67. 8 - 90. 10.

13) 原型は紀元前2世紀には存在しており，その後，4世紀ごろまでかけて増広されたとみられる（cf. M.Winternitz （1912）, S. 193;中野（1978）, p. 190）。

14) cf. Alexander Studholme, *The Origins of Oṃ Maṇipadme Hūṃ*, New York, 2002, P. 17.

15) cf. Alexander Studholme（2002）, p. 12.

16) 本章で扱うチベット語テキストはいずれも，翻訳者の活躍年代から9世紀成立とみなし得る。（cf. 平川彰，『律蔵の研究』Ⅰ（平川彰著作集第九巻），東京；春秋社，1999年，pp73-77. ）

訳）［9世紀[17]］

2．『根本説一切有部毘奈耶』（'Dul ba rnam par 'byed pa ; *Vinayavibhaṅga*（律分別）のチベット語訳）［9世紀[18]］

3．『佛説大乗荘嚴寶王經』（'Phags pa za ma tog bkod pa shes bya ba theg pa chen po'i mdo; *Kāraṇḍavyūha* のチベット語訳）[19]

・モンゴル語テキスト

1．『根本説一切有部毘奈耶』（Nomuɣadqaqui-yin sitügen; *Vinayavastu; Vinayavastu* のモンゴル語訳）［17世紀］[20]

2．『根本説一切有部毘奈耶』（Vinai-yin teyin böged ilaɣaɣči; *Vinayavibhaṅga* のモンゴル語訳）［17世紀］[21]

3．『佛説大乗荘嚴寶王經』（Qutuɣ-tu qaɣurčaɣ-un ǰokiyal kemegdekü yeke kölgen sudur；*Kāraṇḍavyūha* のモンゴル語訳）［17世紀］

・漢文テキスト[22]

---

17)　［P 1030　XLI（Ge）220a6-224b2］。デルゲ版［D 1　（Kha）234b4-239b4］に異読が見られた場合は，脚注にあげる。
翻訳者：Sarvajñādeva（Kaśmīr), Vidyākaraprabha, Dharmākara（Kaśimīr), dPal gyis lhun po.
刊定者：Vidyākaraprabha, dPal brtegs.
他律の「犍度部」に属する。［cf. 平川彰（1999), p. 73.］

18)　［P 1032　XLIII（Te）162b4 - 173b8］. デルゲ版［D 3　（Nya）174b3-186b2］。異読は脚注にあげる。訳者：Jinamitra，訳・閲・刊定者：Klu'i rgyal mtshan.
他律の「経分別」中の「比丘分別」に相当，つまり比丘の波羅提木叉の注釈にあたる。漢訳では『根本説一切有部毘奈耶』五十巻が相当する。［cf. 平川彰（1999)，pp. 73-74.］
チベット訳律蔵の訳出年代は，翻訳者の生存年代より9世紀と推定できる。これは義浄（634-713）の根本有部律の漢語への訳出が8世紀初頭であるのとくらべて，かなり後であり，このことは注目してよい。［cf. 平川彰（1999)，p. 77.］

19)　［P（Chu）247a3-251a7］

20)　［Ge 34a31-41a17］

21)　［Te 238b27-253b11］

22)　特に注記がない限り，漢文テキスト年代については，『大蔵経全解説大事典』（鎌田茂雄ほか編，『大蔵経全解説大事典』，東京；雄山閣出版，1998年）を参考にしている。

1．『六度集經』三十七　［3世紀[23)]］
2．『六度集經』五十九［3世紀[24)]］
3．『出曜經』二十一　如来品二　［4世紀[25)]］
4．『増壱阿含經』第四十一　馬王品第四十五［4世紀[26)]］
5．『中阿含經』第三十四　大商人求財第二十第三念誦［4世紀[27)]］
6．『佛本行集經』四十九　五百比丘因縁品［6世紀[28)]］
7．『經律異相』四十三　［6世紀[29)]］
8．『大唐西域記』十一　僧迦羅国　［7世紀[30)]］
9．『根本説一切有部毘奈耶』（*Vinayavastu* の漢語訳）第四七，四八の一部［8世紀］[31)]
10．『佛説大乘莊嚴寶王經』（*Kāraṇḍavyūha* の漢語訳）巻第三の一部　［10世

---

23)　T 152 III 19c18-20b5.

24)　T 152 III 33b24-33c14.

25)　T 212 IV 718c25-720a29.
平岡（2007）によると，『出曜經』は，「単一の部派に帰属する文献ではなく，説一切有部の資料を中心に，他部派からも説話を取り入れ，さらに漢訳段階で増広改変を受けた編纂文献である可能性が高い」（cf. 平岡聡，「『出曜経』の成立に関する問題」，『印度學佛教學研究』第55巻第2号（2007），pp. 181-187）。

26)　T 125 II 769b14-770c12.
『増壱阿含經』は，説一切有部との関わりが濃厚ではあるが，単一の部派に帰属できない要素もみられるため，現段階では「帰属部派は不明」である（cf. 平岡聡，「増一阿含成立解明に向けて（1）」，『印度學佛教學研究』第56巻第1号（2007），pp. 212-219；平岡聡，「増一阿含の成立解明に向けて（2）」，『印度學佛教學研究』第57巻第1号（2008），pp. 254-261）。

27)　T26 I 642a28-645b8.
現存の『中阿含經』は，「罽賓」出身の瞿曇僧伽提婆（Gotama Saṃghadeva）によって，397-398年に訳出されたものといわれる。なお，「罽賓」の示す地域は「カシュミールからアフガニスタンに及ぶ北・北西インドのどこか」である。原本はガンダーラ語で書かれてあったと推測され，さらに教理内容も考え合わせると，『中阿含』の原本はカシュミールの説一切有部において伝えられていた。（cf. 榎本文雄，「阿含経典の成立」，『東洋学術研究』23（1）（1984），pp. 93-108；榎本文雄，「初期仏教思想の生成 ―北伝阿含の成立―」，『インド仏教』一，東京：岩波書店，1988年，pp. 99-116.）

28)　T 190 III 879a6-882b14.

29)　T 2121 LIII 222b26-223b14.

30)　T2087 LI 933a12 -- 934a9.

紀[32)]]

・和文テキスト

1．『今昔物語集』僧迦羅五百商人，共至羅刹国語第一（巻第五　天竺付仏前[33)]）［12世紀[34)]］

2．『宇治拾遺物語』九一　僧伽多（そうかた），行羅刹国事（らせつのくににゆくこと）（巻六ノ九[35)]）［13世紀］

他にも，偈頌の中に言及されているだけのものや，非常に簡略化されたものも入れればさらに多くのテキストをリストアップすることになるのだが，物語全体の筋をつかむには記述が短すぎるため，ここでは割愛した。

（2）物語の分類――「僧迦羅」の物語の位置づけ

さて，いよいよ雲馬譚の分類に進もう。本章では，まず，以下の４点を着眼点としてあげたい。

（ⅰ）財を求め，航海に出た隊商の一行が，難破し，羅刹女の住まう島

---

31)　T 1442 XXIII 887b1-891c5.
訳者：義浄（634-713）。『宋高僧傳』巻一「義浄傳」によれば，義浄の帰朝は證聖元年（695）であり，その入寂は先天二年（713）である。その間に11部159巻（あるいは151巻）におよぶ戒律関係のテキストを訳出している。［cf. 平川（1999），p. 154.］

32)　T 1050 XX 56b01-57c03.

33)　今野（1999），pp. 388-394.；池上（2001）p. 176-184.

34)「成立年次は不明であるが，登場する人物や事件の下限が1100年前後であること，依拠文献で最も時代が下降するものが『俊頼髄脳』であり，また出典視される『江談抄』が類聚本系らしく，それらの成立が1110年代とみられていることなどから，1120年代が成立の上限で，一応この頃を目安として成立年次を推定すべきであろう。」（今野達（校注），『今昔物語集』一，岩波書店，1999，p. 520）

35)　三木紀人，浅見和彦，中村義男，小内一明（校注），『宇治拾遺物語　古本説話集』，東京：岩波書店，1990年，pp. 168-174.

に漂着する。

（ii）雲馬が島を訪れ，隊商の人々を羅刹女の島から救出する。

（iii）故郷に戻った隊商主は，羅刹女に殺された王の後継者に選出される。後に軍を率いて，羅刹女の島を制圧する。

（iv）隊商主は制圧した島の王となり，後に，島は彼の名で呼ばれるようになった。

これらのうち，（i）と（ii）は雲馬による商人救済の物語，（iii）および（iv）は王になった隊商主による建国譚（スリランカ建国の物語）の骨子と見なすことができるだろう。そこで，前節の【A】，【B】の対応も考えて各項目を整理しなおし，比較項目を以下のようにする。

【A】	1．隊商主の名前	2．雲馬の名称
【B】	3．王位継承	4．羅刹女退治（スリランカ建国）

さらに，「雲馬譚」の多くは釈迦の前世を語る本生譚だが，釈迦の前世を雲馬とするか，隊商主とするかという点でも類別できる。また，いくつかのテキストには，物語の目的——つまるところ，仏教的な教訓なのだが——を示すような，共通する内容の偈頌がみられる。そこで，上記の4項目を着眼点とする【A】【B】の分類に併せ，本生譚の種類と偈頌も分類の基準に取り入れたい[36)]。

36)　【B】との関連性が考えらえる説話として「*Dharmalabdha* 本生」（*Dharmalabdhasya sārthavāhasya jātakaṃ*［*Mahāvastu* Ⅲ：286. 16–300. 9］）をあげておきたい。これは，有徳の隊商主 *Dharmalabdha* が羅刹女の難を避け，羅刹女に喰われた王に変わって王位に就く物語で，干潟（1954），（1978）では，「商主本生」に分類されている。また，平等（1983）には，「海洋貿易に関する本生類話」という観点で「雲馬譚」の類話と位置づけられているが（cf. 平等 通照，『印度佛教文学の研究』第三巻，横浜：印度學研究所，1983年，pp. 474–482），この説話には雲馬そのものが登場しないため，本章では比較対象外とした。

つまり，物語の構成，本生譚の種類，偈頌による教訓の提示の有無，という3点から雲馬譚を分類してみよう，というのが本章の目的である。

(2-1) 物語の構成による分類──「雲馬物語」のヴァリエーション

以下に，着眼点とした項目に関する記述をあげ，物語の構成に基づく分類を試みる。[ ] 内にはページ，もしくは葉番号や行数を示し，巻本等の番号は，前節のものと異なる場合のみにあげる。また，特にチベット語テキストについては，北京版の記述をあげ，デルゲ版のものは異型として確認されたもののみ，脚注に置く。類書にあたる『經律異相』は，よく対応する『出曜經』とは異なる記述がある場合のみ，あげる。さらに，『大唐西域記』は旅行記であり，正確な翻訳文献とは言いがたいが，『今昔物語集』にある僧迦羅の物語に影響を与えたとのしてきがあるため，他の仏典類と同等に扱う。また，モンゴル語のテキストは，基本的にチベット語のそれとは大きな差異は見られなかったため，ここでは特に扱わない。

【A】 1．隊商主の名前

隊商主の名前は，サンスクリット語テキストでは「シンハラ（*Siṃhala*）」とされているが，漢文テキストには「シンハ（*Siṃha*）」が想定されるものもみられる。なお，隊商主の名を明記するのは，『カーランダ・ヴューハ』のサンスクリット語，『出曜經』，『增壱阿含經』，『根本説一切有部毘奈耶』系統，『今昔物語集』収録話，『大唐西域記』，『經律異相』の9つである。その他の物語では，隊商主は登場するものの，その名前は明記されていない。

まず，『カーランダ・ヴューハ』では，散文テキスト，韻文テキストの双方とも「シンハラ（*Siṃhala*）」と伝える[37]。ちなみに，『カーランダ・

ヴューハ』の漢文テキスト（『佛説大乗莊嚴寶王經』）とチベット語テキスト（*'Phags pa za ma tog bkod pa shes bya ba theg pa chen po'i mdo*）では，隊商長の名は記されていない。

次に，各漢文テキストの記述をみると，『出曜經』では「師子[38]」，『増壱阿含經』では「普富[39]」，『根本説一切有部毘奈耶』では「師子胤[40]」，さらに，『大唐西域記』では「僧伽羅」と記されている[41]。このように，漢文文献では，必ずしも「シンハラ」に相当するものばかりではない。また，『出曜經』では【B】に相当する箇所，すなわち「スリランカ建国譚」にあたる後半部分で初めてこの隊商主の名が記されている。名前そのものが異なっている点，また，物語の途中から名前が示される点など，すでに系統の違いが窺える。

一方，チベット語訳のテキストには，「シンハラ」ではなく，「シンガラ（Sing ga la）」と表記されている。この表記は，古典サンスクリットではなく，プラークリットと称される，いわゆる「俗語」に相当する言語

37)　散文テキスト：*bhūtapūrvaṃ kulaputra ahaṃ siṃhalarājo nāma bodhisattvābhūto 'bhūvan /*　［285. 1］（良家の子よ，昔，わたくしはシンハラという名の菩薩として存在したことがあった。）
韻文テキスト：*siṃhasya sārthavāhasya putro 'bhūt siṃhalābhidhaḥ / / 27/ /*　［319. 2　(verse 27cd)］
（［生まれた子が］シンハ隊商長の子であった［ので］，シンハラと名付けた。）
後に，王となる以前の隊商長としての前世譚が続くため，隊商長の名と解釈できる。

38)　唯有大智師子一人即安隱還歸。［719b29-c1］　（ただひとり，たいそう賢いシンハだけが，無事に帰った。）

39)　過去久遠婆羅　城中有商客名曰普富。將五百商人入海採寶。［769c23］（遥か昔，バラナシーの街に，シンハという名の商人がいて，五百人の商人たちとともに海に入り，財宝を採ろうとしていた。）

40)　商主以兒告諸親曰。此兒今者當作何字。衆共議曰。此是商主師子之兒。可名師子胤。［887c4-6］（商主は，息子のことを親族に報告していった。「さて，この子の名前は何としようか。」皆は話し合っていった。「これは，商主シンハの子だ。シンハラとするのが宜しかろう。」）

41)　時贍部洲有大商主僧伽者。其子字僧伽羅。父既年老代知家務。與五百商人入海採寶。［933a18-20］（その時，閻浮洲には裕福なシンハという商主がおり，その息子の名は「シンガラ（シンハラ）」といった。父がすでに年老いていたので，代わりに家業を取り仕切っていたが，五百人の商人とともに海に入り，財宝を得ようとした。）

を音写したものと思われる[42]。また，先にあげた『大唐西域記』の「僧伽羅」も，同類の音韻の影響を受けたものである[43]。さらに，この現象は『今昔物語集』の記述にも反映されたらしく，こちらでは「僧迦羅」と表記されている[44]。

【A】 2．雲馬の名称

次に，「雲馬」の名称についても触れておこう。改めてお断りしておくと，本章では，便宜上，この空を飛ぶ不思議な馬のことを *Balāhāśva*（*Valāhassa*）を「雲馬」とした従来の解釈に則り，そのように表記している。ただし，この馬の名称自体にも異なる所伝がみられるため，再考の必要があることは申し添えておきたい。

まず，この馬について「バラーハ（*Balāha* / *Valāha*）」と称するのは，『ジャータカ』[45]，『マハー・ヴァストゥ』の韻文箇所[46]，『根本説一切有部毘奈耶』の漢語テキスト[47]，サンスクリット語『カーランダ・ヴューハ』[48]である。そして，チベット語の律テキストでは，この *Balāha* に多

---

42)　gang gi phyir khye'u 'di ded dpon seng ge'i bu yin pa de'i phyir khye'u 'di ming sing ga la zhes bya'o zhes de'i ming sing ga la zhes bya bar btags so //　［163b2］
（「この子は，シンハ（seng ge）の息子なのだから，この子はシンガラだ」といって，彼の名をシンガラと定めた。）
cf. Hinüber, *Das ältere mittelindisch im Überblick*, Wein, 2002, S. 179（§224）; Skt. *siṃha* > P *siṃha*, *sīha*, Pkt. *sīha*, *siṃha*, *siṃgha*: ⋯.

43)　水谷（1971）に，「僧伽羅」はプラークリット語の *singha*，サンスクリット語の *siṃha* に相当するものである旨が記されている。［cf. 玄奘 著・水谷真成 訳，『大唐西域記』中国古典文学大系 第22巻，平凡社，1971年，p. 341.］

44)　今昔，天竺ニ僧迦羅ト云フ人有ケリ。［388. 2］

45)　*tasmiṃ pana kāle bodhisatto valāhassayoniyaṃ nibbatti, sabbaseto kākasīso muñjakeso iddhimā vehāsaṃgamo ahosi. so himavantato ākāse uppatitvā tambapaṇṇidīpaṃ gantvā tattha tambapaṇṇisare pallale sayaṃjātasāliṃ khāditvā gacchati*,　［129. 8–129. 12］
（またその時，菩薩は雲馬の胎に生まれ変わった。全身が真っ白で，烏の［ように黒い］頭をして，ムンジャ草の［ような］鬣をもち，神通力をそなえ，天空を行くのだった。彼はヒマラヤから中空に飛び立ち，赤銅洲にやってきて，そこで赤銅洲の池のほとりに自生している稲を食べて行くのだった。）

少解釈を加えられたとみえ，「雲の力ある［もの］（sPrin gyi shugs can）」と記されている[49]。なお，J. Przyluski（1937）は，*balāha* が「雲」を意味するヴェーダ語の *valāha* の変化したものであることを示唆している[50]。

一方，『中阿含經』には馬の名を「髦」とする所伝がみられる[51]。われわれにはあまり見慣れない字だが，例えば，『康熙字典』をひもとくと「馬長毛也[52]」との解説がみられる。つまり，この不思議な馬の名と

---

46) *kārtike māse kaumudīpūrṇamāsyāṃ āgamiṣyati /*
valāho turago śīghro maṃjukeśo hayottamo // ［85. 7-8］
（カールティカ月のカウムディーなる満月の日にやってくるでしょう
ヴァラーハなる俊足の，素晴らしい鬣もてる最高の馬が。）

47) 毎十五日有天馬王。名婆羅訶。從海而出遊在岸邊。食自然香稻無病充溢有大力勢。…［888c19-21］
（毎月15日には，天馬の王がおり，名をバラカ（バラーハ）という。海からでて，海岸を歩き回っている。自然に［できた］香稲を食べて壮健で，［力に］満ちてたいそう勢いがあり，……）

48) 散文：*asti tasminneva dvīpe mahāsamudratīre deva bālāho nāmāśvarājo hīnadīnānukampakaḥ / sa ca bālāho'śvarājaḥ sarvaśvetānāmauṣadīṃ bhuktvā suvarṇavālukāsthale āvartanaparivartanasaṃparivartanaṃ kṛtvā śarīraṃ pracchoḍayati, pracchoḍayitvā* … ［286. 14-16］
（ご主人さま，まさにかの島の大海の岸辺に，雲馬という名の，貧しくて惨めな者らを憐れむ馬の王がおります。そして，かの馬の王は，サルヴァシュヴェータ（完全な白色）という名の薬草を食べて，黄金の砂の平地を行きつ戻りつして，体を持ち上げるのです。持ち上げて，…）
韻文：*atra tīre mahāmbhodheḥ suvarṇavālukāsthale /*
vālāho 'śvo mahañ chubhro vidyate karuṇātmakaḥ //243//
sa śveto auṣadhī bhuṅktvā prāvartya parivartya ca / … ［289. 14-16（verse 243-244ab）］
（大海の，砂金の大地からなるその岸には，慈しみ深い性質の大きくて白い雲馬がいる。
彼はシュヴェータなる薬草を食べると，行きつ戻りつして……）

49) 【*Vinayavastu* チベット語】rta'i rgyal po sprin gyi shugs can ma rmos ma btab pa'i 'bras sa lu za ba bde ba dang / nad med pa dang / stobs dang ldan pas dbang po rnams dang tshim pa / mgo 'phang bstod te …［222a6］（雲馬王は，耕さず撒きもしない［のに生えた］サール米を食べ，幸福で病なく，体力に満ちて諸感官は満ち足りて，頭を持ち上げて…）
【*Vinayavibhaṅga* チベット語】 de na rta'i rgyal po sprin gyi shugs can zhes bya ba ma rmos ma btab ba'i 'bras sa lu'i 'bru zos nas bde ba dang / nad med pa dang stobs dang ldan pa dang / dbang po tshim pas ro stod bsrang ste … ［167b4-5］（その時，雲馬王というのが，耕さず撒きもしない［のに生えた］サール米を食べてから，幸福で病なく，力に満ちて感官を満たして上半身を持ち上げて…）※ただし，shugs can は「馬」を意味することもある。

して，「雲馬」の他に「毛（もしくは鬣(たてがみ)）」にまつわる名称が見られることになる。もっとも，この漢訳語にもそれなりの裏付けがあるようだ。例えば，『マハー・ヴァストゥ』の散文箇所は，この馬のことを「ケーシン（*Keśin*）」，すなわち「鬣をもつもの」と称している[53]。加えて，『佛本行集經』は「雞尸(ケイシ)[54]」，『六度集經』（五九）では「駈耶(クシャ)[55]」としているが，これらも「ケーシン」に基づく名称と思われる。

ここで，さらに事態が複雑になることを承知の上で，もうひとつ付け加えておきたい。闍那崛多(じゃなくった)（*Jñānagupta*）らによって訳された『起世經』

---

50) J. Przyluski, 'The Horse Balaha and the Indian Kings', *The Indian Historical Quarterly* vol. XIII, Culcutta (1937), pp. 218-229中, p. 226.
Przyluski（1937）の本文中では，*varāha* と記されているが，通常，この語は「イノシシ」を意味するため，本書では綴りを改めた。また，C.C. Uhlenbeck（1898-1899）には，*valāha* について，*varāha* と語源が同じではないかとの指摘が見られる。［cf. C.C. Uhlenbeck, *Kurzgefasstes etymologisches Wörterbuch der altindischen Sprache*, Amsterdam : J. Müller, 1898-1899.］

51) 有駈馬王。食自然粳米。安隱快樂充滿諸根。再三唱曰。誰欲度彼岸。誰欲使我脱。誰欲使我將從此安隱度至閻浮洲耶。［643c28-644a2］（駈馬王がいて，自然に生えたうるち米を食べている。平穏で機嫌良く，諸々の感官が満ち足りた［この馬は］，3度［このように］声をあげる；「誰か，向こう岸に渡りたい人はおりますか。誰か，わたくしに連れ出してほしい人はおりますか。わたくしに，無事平穏に閻浮洲まで渡してほしい人はおりますか。」）

52) 『康熙字典』，東京：吉川弘文館，明治42（1909）年（初版 明治38（1905）年），八〇五一（亥集上　馬部　四畫）。諸橋轍次 著，『大漢和辞典』，東京：大修館書店，修訂版 1986年（初版 1959年），p. 504にも「毛の長い馬」とある。

53) *kārtikapūrṇamāsyāṃ keśī nāmāśvarājā uttarakurudvīpāto akṛṣṭoptaṃ śāliṃ akaṇaṃ atuṣaṃ surabhitaṇḍulaphalaṃ paribhuñjitvā imaṃ rākṣasīdvīpam āgacchati* /［72. 18-19］
（カールッティカの満月の日に，ケーシンという名の馬の王が，ウッタラクル洲から，耕しも撒きもしない［のに生えた］もみ殻もなく香しい精製した穀物である米を堪能してから，この羅刹女の島にやってくるのです。）

54) 有一馬王。名雞尸。形貌端正。身體白淨。猶如珂雪。又若白銀。如淨滿月。如君陀花。其頭紺色。走疾如風。聲如妙鼓。［879a21-24］（一頭の馬王がいて，名前を雞尸(ケイシ)という。身体は白く清らかで，まっしろな雪か，白銀のようだった。満月のように清浄で，クムダ華のようだった。頭は紺色で，走ると風のよう［に速く］，声は素晴らしい鼓のようだった。）

55) 昔者菩薩。身爲馬王。名曰駈耶。［33b24］（昔，菩薩は馬王となった。名を駈耶(クシャ)といった。）
成田（1974）でも「駈耶」を *Keśin* とする解釈が示されている。（cf. 成田昌信 訳，『國譯一切經印度撰述部』本縁部 六，東京：大東出版社，1974年（初版発行 昭和10年），p. 247注2.）

巻第二轉輪聖王品第三，および達磨笈多（だつまぎゅうた）（*Dharmagupta*）訳の『起世因本經』巻第二轉輪王品第三では，転輪聖王の持ち物のひとつとして馬宝「婆羅訶（*Balāha / Balaha*）」をあげているが，その注は「隋言長毛」，すなわち，「隋代の言葉では長毛」との旨が付されている[56]。つまりここでは，*Balāha*（もしくは *Balaha*）を，*Keśin* 同様，「毛」，もしくは「鬣」と関連づけていることが分かる。もっとも，干潟（1978）も断っているとおり[57]，サンスクリット語の *balāha / balaha* 自体には，「毛」に関する意味はみられない。さらに，「破敵」，「破軍」といった漢訳語も見られるが[58]，これらの解釈についてはいまだに検討が必要な点が残るため，後日の課題としたい。

さて，もう少し見てゆくと，この不思議な馬について，特に固有の名を挙げないテキストもある。例えば，『出曜經』[59]，『六度集經』（五九[60]），『増壱阿含經[61]』では「馬王」，『カーランダ・ヴューハ』の漢語テキスト[62]では「聖馬王」，また，『大唐西域記』[63]では「天馬」と記されている。

---

56)　何等名爲轉輪聖王馬寶具足。諸比丘。是轉輪王日初分時。坐正殿上。即於王前。出紺馬寶。名婆羅訶。隋言長毛色青體潤。毛尾悦澤。頭黒駿披。有神通力。騰空而行。［『起世經』 T 24, vol. i, 318b7--10］
（馬宝をもつことで，なぜ「転輪聖王」と名付けられるのか。比丘たちよ，この転輪王が 1 日のはじめに表御殿［の座に］座ると，すぐさま王の前に紺色の馬宝が現れる。名前を婆羅訶（*Balaha* 隋の言葉で「長毛」）といい，色は青く，身体は肥えており，毛や尾はつややかである。頭は黒く，鬣がたなびいている。神通力があり，空に飛び上がって飛んで行く。）
是轉輪王。日初分時。坐宮殿上。即於王前。出紺馬寶。身青體潤。毛色悦澤。頭黒髮鬈。有神通力。飛騰虚空。其馬名曰婆羅囉呵。隋言長毛［『起世因本經』 T 25 vol. i, 373b28-373c2］
（これなる転輪王が 1 日のはじめに宮殿［の座に］座ると，すぐに王の前に紺色の馬宝が現れる。身体は青色で肥えており，毛尾はつややかである。頭は黒く，髱（かもじ）［のように豊かな］鬣をして，神通力があって，虚空に飛び上がる。その馬を「婆羅囉呵（*Balāha* 隋の言葉で「長毛」）」という。）

57)　干潟龍祥，改訂増補版『本生經類の研究』，東京：山喜房，1978年（初版発行：1954年），pp. 148-149.

58)　cf. 『翻梵語』［T 2130］婆羅訶譯曰破敵［LIV 1032a4］，婆羅醯馬王應言婆羅訶　譯曰雲也亦云破軍［LIV 1032a5］

これが『今昔物語集[64]』に入るとさらに変化しており，単に「大ナル白キ馬」（大きな白馬）とだけ伝えられる。また，「空を飛ぶ」というくだりはみられず，「海ヲ渡テ行ク」（海を渡って行く）とされている点も，「雲馬譚」を伝える他の仏典類とは異なる点といえる。

【B】　3．王位継承

さて，ここからは【B】とした内容，つまり，羅刹女の難を逃れた商人の「後日譚」についてみてゆく。さきにも述べた通り，故郷に無事に

---

59)　…十五日清旦有一馬王。從欝單越食自然粳米。來至此鬼界住高山頂。［719b11-13］（15日の清々しい朝に，1匹の馬の王が現れる。ウッタラクル［の地］から，自然に生えたうるち米を食べに，この鬼界にやって来て，高山の頂の上に留まる。）
『經律異相』では，このくだりを以下のように伝える。
十五日清旦有一馬王。從欝單曰來至此界。住高山頂。［222c22-23］（15日の清々しい朝に，1匹の馬の王が現れる。ウッタラクル［の地］からこの世界にやって来て，高い山の頂に留まる。）

60)　馬王遙覩婬鬼噉人。爲之流涙。因飛渡海。之海彼岸。獲成擣粳米。馬王食飲畢。登山呼曰。誰欲度者。如此三矣。［33c1-3］（馬王は，遥か遠く淫鬼らが人を食べるのを見て，涙を流した。［空を］飛んで海を渡り，この海の岸で生成したうるち米をとる。馬王は食事を終えると，山に登って大きな声を出していった。「誰か，［海を］渡りたい人はおりますか」。このように，3度［呼ばわった］。）

61)　是時月八日十四日十五日。馬王在虛空周旋作此告勅。誰欲渡大海之難我能負度。［770a6-8］（月の8日，14日，15日には，馬が虚空にいて旋回しながら，このように告げるのです。「誰か，わたしくしにこの大海の難から助けてほしいと思う人はいるか」）

62)　此師子國有聖馬王。能救一切有情。彼食大白藥草。於金砂而起振擺身已。…［57a11-13］（この師子国には聖馬王がいて，全ての生き物を救う事ができます。彼は，すぐれた白い薬草を食べて，金色の砂の上で［身体を］起こして身震いしてから，……）

63)　是時天馬來告人曰。爾輩各執我毛鬣不回顧者。我濟汝曹越海免難。至贍部洲吉達郷國。［933b4-6］（その時，天馬が来て［海岸にいた］人々に言った。「お前たちがわたくしの毛や鬣に掴まり，振り返らないならば，わたくしはお前たちを助け，海を越えて難から逃れさせ，閻浮洲に至ってめでたく故郷に返してあげよう。」）

64)　僧迦羅忽テ浜へ出ルニ，商人等モ皆，僧迦羅ガ後ニ立テ皆浜ニ出ヌ。可為キ方無クテ，遙ニ浦陀落世界ノ方ニ向テ，心ヲ発シテ皆音ヲ挙テ観音ヲ念ジ奉ル事無限シ。……苦ニ念ジ奉ル程ニ，息ノ方ヨリ大ナル白キ馬，浪ヲ叩テ出来テ，商人等ノ前ニ臥ヌ。「此レ他ニ非ズ，観音ノ助ケ給フ也」ト思テ，有ル限リ此ノ馬ニ取付テ乗ヌ。其ノ時ニ馬，海ヲ渡テ行ク。羅刹ノ女共皆，寝起テ見ルニ，……［390. 7-11］

もどった隊商長を追いかけて，ひとりの羅刹女が街にやってくる。隊商長を思い通りに誘惑できないと悟った彼女は，次に国王に近づき，その後宮に入り込んで王を殺害してしまう。

この内容を含むテキストには，「王には跡継ぎがなかったので，人々は聡明で勇敢な隊商長を国王に推挙する」という点がおおよその共通要素といえる。

この「後日譚」を伝えるテキストは『出曜經[65)]』，『根本説一切有部毘奈耶[66)]』，*Vinayavibhaṅga* のチベット語テキスト[67)]，『カーランダ・ヴューハ』の韻文テキスト[68)]，『大唐西域記[69)]』である。また，『六度集經』（三七）にも「後日譚」と言えるものはあるが，隊商主を王位に迎えるとのくだりはみられない[70)]。

---

65)　諸臣人民前白師子。王今已死更無胤嗣。唯願師子當登王位。［720a12–13］（臣民らが，師子に言った。「王は今や亡くなってしまい，跡継ぎがおりません。」［そして］師子が王位につくことをひたすら願った。）

66)　第一大臣告諸人曰。先王已死復靡儲君。寶位既虚百姓無主。無君不立。今當册誰。……諸人告曰。商主師子胤與五百人入海取寶。餘人皆被羅刹所害。唯獨一身得歸鄉國。……大臣議曰。誠如所言。宜令彼人以爲君主。即便共至商主之處。同心請曰。……時彼商主如是固辭。國人再三頻求頂禮爾時商主既辭不獲免。……我當受册。……其大臣等即便灑掃城隍莊嚴殿宇。以妙香水灌頂稱王。［891a18–b10］（第一大臣が，皆に言った「先代の王は亡くなってしまい，跡継ぎがおられない。玉座は空で，民には主がない［有様だ。］君主がおられなければ，［国は］立ち行かぬ。さて，誰を王位に就けたものだろう。……人々は言った「隊商長の師子胤は，500人［の商人たち］とともに財宝を得ようと海に入りましたが，他のものは皆，羅刹に殺されてしまいました。［師子胤］ただ1人だけが故郷に帰ることが出来たのです。」……大臣たちは話し合って行った。「まことに，そのとおりだな。彼を君主としよう。」すぐに皆で隊商長のところに向かい，心を同じくして懇願した。……そのとき，隊商長はこう言って固辞したが，人々が再三にわたって願い，頭を地べたにつけて礼拝するものだから，ついに逃れることはできないとさとった。……「わたくしが，王位を継ぎましょう。」……大臣たちはすぐに街中を飾り付け，香しい香水で灌頂を行い，王と称した。）

67)　… kha cig gis smras pa / ded dpon sing ga la las snying stobs can shes rab dang ldan pa su zhig yod kyi ded dpon sing ga la rgyal por dbang bskur bar bya'o // de ltar bya'o zhes … de dag gyis grong khyer mdzes par byas nas ded dpon sing ga la bkur sti chen pos rgyal srid la dbang bskur ro// ［173a4–7］（ある人が言った。「隊商長シンガラよりも心が堅固で智慧のある人がおろうか。隊商長シンガラを王として灌頂すべきである。」「そうしよう。」と……彼らは，街をきれいにしてから，隊商長シンガラを非常な敬意でもって，王位に就けた。）

一方，『今昔物語集』にも「後日談」は見られるが，こちらにも隊商長である僧迦羅が王位につくという内容は見られない。さらに，ここまで見てきた仏典テキストとは異なり，王（「帝」）には跡継ぎがいる，と語られる。そして，その皇太子が王位を継ぐという設定になっている[71]。先に示した馬に関してもそうだが，『今昔物語集』にみられる「雲馬譚」は，仏典テキストをそのまま用いて記されたものではないようだ。特に，王位後継者に関する記述は，編者の政治意識が垣間見えるところかもしれない。

【B】　4．スリランカ建国譚

ここでも，【B】（「後日譚」）の内容を持たないテキストは除外して話を進めて行きたい。羅刹女を退け，新しい王に因んで島の名づけが行われ

---

68)　*siṃhalo 'yaṃ sārthavāhaḥ sātviko nītivit kṛtī / …*
nṛpāsane pratiṣṭhāpya sarva lokāḥ samantrinaḥ /
siṃhalaṃ taṃ mahārājaṃ saṃsevire samādarāt //565//［247. 29-243. 24（verse 541-565)］
（これなるシンハラ隊商長は，誠実で世知に長け，聡明である。……
王位に就けると，大臣ともども，すべての人々は，非常な敬意に基づき，かのシンハラ大王に仕えた。）

69)　於是國輔老臣群官宿將。歴問明德推據崇高。咸仰僧伽羅之福智也。乃相議曰。夫君人者豈苟且哉。先資福智次體明哲。……僧伽羅者斯其人矣。……衆庶樂推尊立爲王。僧伽羅辭不獲免。允執其中。恭揖群官。遂即王位。［933c19-27］（そこで，輔弼の年老いた大臣や［その他の］多くの官吏，古参の将軍らは，あまねく明徳の人をたずね，人格の高い人を推挙する［ことになったが］，皆，僧伽羅の福徳と智慧を頼みとした。そして，皆で話し合った。「君主たるもの，いい加減な人物ではいけない。［必要条件は，］第1に，福徳と智慧を備え，第2に聡明で物事に通じていることだ。……僧伽羅は，まさにそういった人だ。……人々は大喜びで［僧伽羅を］推挙し，王とした。僧伽羅は辞退したが認められず，まことにその中を執り（＝中道の道を摂り），丁寧にお辞儀をして王位に就いた。」
「允執其中」とは，『尚書』大禹謨（だいうぼ）の中にある「人心惟（こ）れ危うく，道心惟れ微なり。惟れ精に惟れ一に，允（まこと）に其の中を摂れ」を踏まえたものであり，王の心得として堯（ぎょう）が舜（しゅん）に授けた言葉とされる。［cf. 水谷（1971），p. 344 注 1］

70)　内之後宮爲其淫荒。國正紛亂。鬼化爲狐。日行食人。爲害茲甚。王不覺矣。後各命終。［20a9-11］

71)　其ノ後御子，即位ニ即給ヌ。［393. 4］

たという，いわゆる「スリランカ建国譚」が見られるか否かを着眼点とする。

まず，『出曜經』では，「師子國[72)]」，『根本説一切有部毘奈耶』では「師子洲」と記され[73)]，チベット語の *Vinayavibhaṅga* でも「シンガラの島（Sing ga la'i gling）[74)]」とされる。『カーランダ・ヴューハ』の韻文テキストでもほぼ同じような記述がみられ，「シンハラ島[75)]」となっている。また，『今昔物語集』は「僧迦羅国[76)]」，『大唐西域記』は，具体的に国名をあげてはいないが，「王の名を国名とした」との記述がある[77)]。

---

72)　王告諸臣彼羅刹子女。睡眠有時當共集兵乗船入海攻撃。即往攻撃殺羅刹男女。……復往破壊鐵城出其中人。……稱師子渚國。［720a17-29］（［王は］，大臣たちに，あの羅刹の女たちが眠っているときに，兵を伴って船に乗り込み，海に入って攻撃するように言った。到着するとすぐに攻め入って羅刹の息子や娘を殺した。……また行って，鐵の砦を壊して，その中から人々を［助け］出した。……［その島を］「師子渚國」と名付けた。）

一方，関連資料である『經律異相』には，羅刹女退治の記述は見られるが，国名に関する言及はみられない。「王告諸臣。當共集兵入海攻撃。殺羅刹男女無有遺在。後破鐵城出其中人。」［223b6-8］

73)　其時師子胤王總命維舟。四兵倶下奮臂大呼。與羅刹共戰。……時師子胤王平除舊城破鐵城獄。重開疆宇建立新城。……彼國因王以爲其號名師子洲［891b23-c5］（そのとき，師子胤王は，全軍に船をつなぐように命じた。四種の軍隊（象，戦車，馬，歩兵）をともなって［船を］下り，腕をふるって大声を上げ，羅刹と戦った。……そのとき，師子胤王は，ふるい砦を平らかに取り除き，鉄の牢獄を壊し，かさねて土地を開いて新しい町を築いた。……その国は，王にちなんで「師子国」と名付けられた。）

74)　rgyal po sing ga las gnas bcas pas sing ga la'i gling sign ga la'i gling zhes bya ba'i ming du gyur to // ［173b6］（シンガラ王が居住地を造ったので，「シンガラの島，シンガラの島」と名付けられた）

75)　*siṃhalena narerndreṇa jitvā saṃvāsitaṃ svayaṃ /*
tenāsau siṃhaladvīpa iti prakhyāpito 'bhavat //597//　［237. 2-3　(verse 597)］
（シンハラ王によって征服され，自ら［人々を］住まわせた［ところ］，それ故に，これはシンハラ島，と宣言された。）

76)　僧迦羅此ノ二万ノ軍ヲ引具シテ，彼ノ羅刹国ニ漕ギ着ヌ。……此ノ二万ノ軍立テ行ク間，乱レ入テ此ノ女共ヲ打チ切リ，射ル。……空キ国ト成シテ後，国王ニ此ノ由ヲ申シケレバ，其ノ国ヲ僧迦羅ニ給ヒツ。……然レバ其ノ国ヲバ僧迦羅国ト云フ也トナム語リ伝ヘタルトヤ。［393. 11-394. 8］

77)　……乃下令曰。吾先商侶在羅刹國。死生莫測善惡不分。今將救難。宜整兵甲。……諸羅刹女蹎墜退敗。或逃隱孤島。或沈溺洪流。於是毀鐵城破鐵牢。……招募黎庶遷居寶洲。建都築邑遂有國焉。因以王名而爲國號。［933c28-934a8］

このように，王となった隊商長の名に因んで島の名づけがなされたという点については，これらのテキストは全て共通しており，特に顕著な例外はみとめられない。ただし，王位継承の点で他のテキストとは異なっていた『今昔物語集』では，隊商長「僧迦羅」は羅刹女退治のために派遣されており[78]，その功によって島を与えられた，となっている。

一方，『カーランダ・ヴューハ』の散文テキスト，および漢語テキストは，「後日譚」にあたる【B】の箇所をもたないが，物語の冒頭箇所からすでに，羅刹女らが住まう島を「師子國」，*Siṃhaladvīpa* と称している[79]。こういった点を見ると，これらのテキストは【B】の内容そのものは伝えないが，ここでいう「スリランカ建国譚」を前提として記されたものと思われる。

さて，ここまでの分類結果を，表の形でまとめてみたい。まず，下の表は，1から4の項目について確認した結果をまとめたものである。「物語の型」とした項目は，【A】もしくは【B】の表記を用い，物語の「前半部分」である雲馬による救済譚と，「後半部分」に相当する「スリランカ建国譚」の内容の有無を示している。なお，1から4の項目のうち，不十分なものがみられる場合は（　）を付けて示してある。

---

78)　……宣旨ニ云ク，「速ニ行テ可罰シ。申シ請ムニ随テ軍を可給シ」ト。……僧迦羅此ノ二万ノ軍ヲ引具シテ，彼ノ羅刹国ニ漕ギ着ヌ。……［393. 7–11］

79)　『カーランダ・ヴューハ』（散文）：... *tato ahaṃ siṃhaladvīpayātraṃ saṃprasthitaḥ* /　［285. 1–2］（……それから，わたくしはシンハラ島への旅に出た。）

『カーランダ・ヴューハ』漢語テキスト：善男子我於往昔爲菩薩時。與五百商人欲往師子國中。……［56b1–2］（良家の子よ，わたくしは昔，菩薩であった頃，500人の商人等とともに師子国に行こうとした。）

	1. 商主名	2. 雲馬の名称	3. 王位継承	4. 国名	物語の型
『ジャータカ』	なし	*Valāha*	なし	なし	【A】
『マハーヴァストゥ』	なし	*Keśin*[80]	なし	なし	【A】
『出曜經』	師子	馬王	あり	師子渚國	【A】＋【B】
『六度集經』（三七）	なし	馬王	なし[81]	なし	【A】＋（B）
『六度集經』（五九）	なし	駈耶	なし	なし	【A】
『增壱阿含經』	普富	馬王	なし[82]	なし	【A】＋（B）
『中阿含經』	なし	駄馬王	なし	なし	【A】
『佛本行集經』	なし	雞尸	なし	なし	【A】
『大唐西域記』	僧伽羅	天馬	あり	僧伽羅国（王名而爲國號）	【A】＋【B】
『根本説一切有部毘奈耶』	師子胤	婆羅訶	あり	師子洲	【A】＋【B】
Vinayavastu チベット語	なし	sPrin gyi shugs can	なし	なし	【A】
Vinayavibhaṅga チベット語	Sing ga la	sPrin gyi shugs can	あり	Sing ga la'i gling	【A】＋【B】
『カーランダ・ヴューハ』漢語テキスト（『佛説大乗荘嚴寶王經』）	なし	聖馬王	なし	（師子國）[83]	【A】

80)　偈頌では，*Valāha* の名で記されている。

81)　国王の死についての記述は見られる。

82)　同上。

83)　『カーランダ・ヴューハ』漢語テキストおよび『カーランダ・ヴューハ』韻文テキストには，「後半部分」に相当する内容はみられないが，隊商長らが漂着した島の名として記載されている。

『カーランダ・ヴューハ』散文テキスト	*Siṃhala*	*Bālāha*	なし	（*Siṃhaladvīpa*）	【A】
『カーランダ・ヴューハ』韻文テキスト	*Siṃhala*	*Vālāha / Valāha*	あり	*Siṃhaladvīpa*	【A】＋【B】
『今昔物語集』	僧迦羅	大ナル白キ馬	なし[84]	僧迦羅国	【A】＋【B】

『カーランダ・ヴューハ』関係のテキストを除き，【A】の部分のみから成るタイプには，隊商長の名前が記されていない。それに対し，「建国譚」，特に国名も明記したこの要素を持ち合わせたテキストには，当然ながら，国名の由来となる隊商主の名前が明記されている。つまり，この隊商主の名は，建国譚を語る上での伏線として記されたものである可能性も考えられる。一方，雲馬の名称の相違の原因となる要素は，いまだ不明であるといわざるを得ない。今後の課題としたい。

さて，本編で考えて行きたい『今昔物語集』の「僧迦羅」物語であるが，「雲馬譚」の中では【B】に相当する部分を含むタイプに分類されることが分かった。ただ，隊商長「僧迦羅」を国王ではなく，将軍として位置づけ，「僧迦羅国」の由来を語るなど，他の仏典テキストにある「雲馬譚」とは異なる要素も含んでいる。

(2-2) 本生譚としての分類 —— ブッダの「前世」は誰か

次に，本生譚かどうか，という観点からみてみよう。「雲馬」の物語の中には，「本生譚」すなわち，ブッダの前世物語としての性格を備えているものがある。前章に紹介した『ジャータカ』の雲馬譚はもちろ

84) 国王（帝）は亡くなるが，その後継となるのは，隊商長ではなく，「御子」，つまり皇太子とされている。

ん，『マハー・ヴァストゥ』，『根本説一切有部毘奈耶』，『大唐西域記』，また，『カーランダ・ヴューハ』などもそのグループに含まれる[85)]。例えば，『ジャータカ』などはこのように締めくくっていた。

……そのとき，雲馬王の言葉に従った250人の商人たちは，［今の］ブッダの周囲の人々であった。一方，雲馬王は，他ならぬ私であった[86)]。

『マハー・ヴァストゥ』でも，雲馬はブッダの前世のひとつとして見なされており，物語の結びは，

比丘たちよ，私が，その時のかのケーシン馬王であったのだ[87)]。

となっている。

一方，隊商長をブッダの前世の存在とする所伝もある。『根本説一切有部毘奈耶』には，

その時の師子胤王は，つまり，私である[88)]。

とある。*Vinayavibhaṅga* のチベット語テキストも同じようなことを伝えている[89)]。ただし，同じくチベット語の律文献系のテキストであっても，*Vinayavastu* に相当する方では，「雲馬」をブッダの前世としている[90)]。また，『大唐西域記』では，

僧迦羅は，つまり，釈迦如来の前世である[91)]。

85)　詳しくは拙稿（山口周子，（2012），pp. 1-27）を参照されたい。

86)　``*tadā vālāhassarājassa vacanakarā aḍḍhateyyasatā vāṇijā buddhaparisā ahesuṃ, vālāhassarājā pana aham evā'' 'ti.*［130. 20-21］

87)　*ahaṃ sa bhikṣavaḥ tena kālena tena samayena keśī aśvarājā abhūṣi.*［76. 19-77. 1］

88)　往時師子胤王者即我身是。［891c6-7］

89)　de'i tshe de'i dus na ded dpon sing ga la gang yin pa de ni nga nyid yin no /　［173b6］（その時，隊商長シンガラであったのは，他ならぬわたくしである。）

90)　… 'on kyang nga nyid de'i tshe de'i dus na rta'i rgyal po sprin gyi shugs can zhes bya bar gyur to //［224a8-b1］（そうではなく，他ならぬわたくしが，その時の雲馬王なるものとなったのだ。）

とされるので，隊商長をブッダの前世の存在と位置付けられていることが分かる。

『カーランダ・ヴューハ』は，散文，韻文のサンスクリットテキスト，また，漢語テキスト，ともに隊商長をブッダの前世と位置付ける[92]一方，雲馬を観世音菩薩の前身としている[93]。この点は，同じ「雲馬譚」のなかでも特殊なものといえるだろう。

つまり，まず「本生譚」という視点に限定すると，これらの「雲馬譚」は，

1. 雲馬をブッダの前世とするもの
2. 隊商長をブッダの前世とするもの

のふたつに大別することができる。そして，『カーランダ・ヴューハ』のテキスト群は2番目のグループに含まれる一方，観世音菩薩の霊験譚としての性格も兼ね備えているという特徴が見られるのである。

なお，『今昔物語集』の「僧迦羅」の話は，本生譚ではない。また，隊商主らの祈りに応じて現れた「大ナル白キ馬」が観世音菩薩そのもの

91) 僧伽羅者。則釋迦如來本生之事也。［934a8–9］

92) 散文テキスト：*bhūtapūrvaṃ kulaputra ahaṃ siṃhalarājo nāma bodhisattvabhūto 'bhūvam* / ［285. 1］（良家の子よ，昔，わたくしはシンハラ王という名の菩薩として存在したことがあった。）

韻文テキスト：*yo 'sau* 〔*sa*〕 *siṃhalo rājā tadāhaṃ abhavat khalu* / ［237. 4 （verse 598ab）］（その時のシンハラ王というのは，実に，わたくしであったのだ。）

93) 散文テキスト：*tadyathāpi nāma sarvanivaraṇaviṣkambhin bālāhakaṃ tam aśvarājabhūtenāvalokiteśvareṇa bodhisattvena mahāsattvena tādṛśād ahaṃ mṛtyubhayāt parimokṣitaḥ* ［288. 13–14］（実にまたかくのごとく，徐蓋障よ，かの雲馬王であった偉大なる菩薩である観世音菩薩によって，そのように，わたくしは死の脅威から逃れたのである。）

韻文テキスト：*yo valāho 'śvarājo 'bhūd eṣo 'valokiteśvaraḥ* //599// ［237. 7 （verse 599cd）］（雲馬王であったのは，この観世音菩薩である。）

漢文テキスト：佛告除蓋障菩薩時。聖馬王者即觀自在菩薩摩訶薩是。［57c2–3］（仏は，除蓋障菩薩に告げた。そのとき，聖馬王であったのはつまり，偉大なる菩薩である観世音だった。）

の現れであるか否かは，明言されていないものの，観世音菩薩への信仰とその功徳については描かれていると見なすことはできる[94]。

(2-3) 教訓提示の有無 ―― 「雲馬譚」のメッセージ

そもそも，「雲馬譚」の主旨，つまり「仏典」として伝えようとしたテーマは何だったのだろうか。ひとつは，先ほど触れた「本生譚」といえるだろう。仏教では，ブッダは「悟り」を得るまで，過去に何度も「菩薩」としてこの世に存在していた，と説く。姿はどうであれ，菩薩である以上，彼は生まれるたびに善い行いを重ねてゆく。「雲馬」も，そういった菩薩のひとつの姿として示されているのである。

いまひとつは，この「雲馬」の物語になぞらえて，ひとつの仏教的な教訓を伝えようとしていたとも考えられる。というのも，本章で扱ったいくつかのテキストには，仏教的教訓を示す，よく似た内容の韻文（偈頌）が確認されるのだ。例えば，先ほどもあげた『ジャータカ』には，物語の終わりちかくに，次のような韻文が残されている。

> ブッダによって示された教えを実行しようとしない人々は，災難に陥る。
> 羅刹女らによって［災難に陥った］商人たちのように。
> そして，ブッダによって示された教えを実行する人々は，安穏に彼岸に渡る。
> 雲馬によって［彼岸に渡った］商人たちのように[95]。

また，『マハー・ヴァストゥ』でも，同様のくだりが語られる。なお，この韻文の中では，「雲馬」は「ケーシン（*Keśin*）」ではなく，「ヴァー

94)　……可為キ方無クテ，遥ニ普陀落世界ノ方ニ向テ，心ヲ発シテ皆音ヲ挙テ観音ヲ念ジ奉ル事無限シ。……息ノ方ヨリ大ナル白キ馬，浪ヲ叩テ出来テ，商人等ノ前ニ臥ヌ。「此レ他ニ非ズ，観音ノ助ケ給フ也」ト思テ，……［390. 7-10］

95)　*ye na kāhanti ovādaṃ narā buddhena desitaṃ / vyasanan te gamissanti rakkhasīhi va vāṇijā //*
ye ca kāhanti ovādaṃ narā buddhena desitaṃ / sotthiṃ pāraṃ gamissanti vālāheneva vāṇijā //　［130. 6-9］

ラーハ（*Vālāha*）」と称されている。

法王（仏）の言葉を信じない人々は，災難に陥る。
羅刹女らによって［災難に陥った］商人たちのように。
しかし，法王の言葉を信じる人々は，安穏に行く。
雲馬によって［行った］商人たちのように[96)]。

漢文テキストの『根本説一切有部毘奈耶』，同じく律文献である *Vinayavastu* および *Vinayavibhaṅga* のチベット語テキストにも，同様の記述が見られる。それぞれの内容を順に示す。

仏の教えを信じない愚かな人々は，まさに輪廻の苦しみを受ける。
羅刹女を愛した［愚者たちの］ように。
仏の教えを遵奉する智慧ある人は，まさに生死の海（輪廻）を脱する。
天馬の言葉に従った［賢明な人々の］ように[97)]。

仏の教えを信じない愚かな人々は苦を得ることになる。
羅刹女［ら］のなかで［苦を得た］商人のように。
仏説を信じる，智慧もてる人々は，平穏に彼岸に赴く。
雲馬（雲の力あるもの）によって［海を渡った］商人のように[98)]。

子供のような［思慮のない］人々[99)]は，佛の教えを信じない［が，それは］
羅刹女たちの商人達が苦しむことになるような［もの］。

---

96) *ye niava śraddadhiṣyanti vacnaṃ dharmarājino / vyasanaṃ te nigaṃsyanti rākṣasīhi va vāṇijā //*
ye tu punaḥ śraddadhiṣyanti vacnaṃ dharmarājino / svastinā te gamiṣyaṃti vālāhena iva vāṇijā //
［89. 17–20］

97) 諸有無智人　不信於佛教　當受輪迴苦　如愛羅刹女
若有智慧人　遵奉於佛教　當出生死海　如隨天馬言　［889c14–17］

98) sangs rgyas bstan la blun po'i mi / gang dag dad par mi byed pa /
de rnams sdug bsngal 'thob 'gyur te / srin mo'i nang du tshong pa bzhin //
shes rab can gyi mi gang dag / sangs rgyas bstan la dad byed pa /
bde bar pha rol 'gro 'gyur te / sprin gyi shugs kyis tshong pa bzhin //　［Ge 224a7–8］

智慧のある人々は，佛の教えを信じる［が，それは］
雲馬（雲の力あるもの）の商人達が無事に彼岸に渡るよう［なもの］[100)]。

このように，表現は少しずつ異なるものの，内容としてはほぼ同じものと見なせる詩文を示すことで，この物語に教訓譚の性格を与えていることが分かる。また，この詩文は本章で扱った他のいくつかのテキストにも見られるし[101)]，さらに，雲馬の物語そのものは語られないが，ブッダの教説のひとつとして，『ウダーナ・ヴァルガ』にも残されている[102)]。

一方，旅行記である『大唐西域記』には，こういった教説を説くものとしてではなく，単に「スリランカ建国譚」のひとつとして紹介されている。おなじように，『今昔物語集』の方も，こういった教訓譚としての性格は見られず，「僧迦羅国」建国にいたる一種の因縁譚として扱われている。

(2-4) まとめ──「雲馬譚」と「僧迦羅」の物語

本節では，物語の構成，本生譚の種類，詩文の内容といった3つの観

---

99) byis pa は，サンスクリット語の *bāla* に相当する訳語であり，「愚者」と「幼児，子供」の2通りの解釈が可能である。漢訳に従えば「愚者」とすべきかもしれないが，本章では，'dra ba「～のような」という語が入っている点と，モンゴル語版テキストを参考に，「子供」としておいた。kübegün-dür adali kümün［Te. 250a10］（子供のような人）。

100) mi gang byis pa 'dra ba dag / sangs rgyas bstan la ma dad pa /
srin mo rnams kyi tshong pa dag / sdug bsngal 'gyur ba ji bzhin no //
mi gang shes rab ldan pa dag / sangs rgyas bstan la dad byed pa /
sprin shugs can gyi tshong pa dag / bde legs pha rol 'gro ba bzhin //［Te.171a5-6］
デルゲ版では具格が使われている：srin mo rnam kyis［D（Nya）183b6］（羅刹女たちによって）。また，モンゴル語版は所格で記している eme mangɣus-nuɣud-ta［Te. 250a11-12］（羅刹女たちのところで）。

101) 『出曜經』：諸有不信佛　如此衆生類　當就於厄道　如商遇羅刹
諸有信佛者　如比衆生類　安穩還得帰　皆由馬王度［719c1-4］
『中阿含經』：若有不信於　佛説正法律　彼人必被害　如爲羅刹食
若人有信於　佛説正法律　彼得安隱度　如乘馬王［645b2-5］

点から「雲馬譚」について類型を整理してみた。この物語は比較的多くの仏典に取り入れられたものといえるのだが，大別すれば，雲馬による救済譚，すなわち【A】のみで成立しているものと，スリランカ建国譚である【B】の内容を伴うものに大別される。さらに詳細に見るなら，具体的な国名があげられておらず，スリランカ建国譚としては不十分なテキストもあるので，そういったものも区別するならば，3種に分類することもできるだろう。

本生譚という視点からは，ブッダの前世を「雲馬」とするものと，「隊商長」とするものに類別することができる。そして，おおむね，雲馬をブッダの前世とするものは，【A】の内容のみの物語，隊商長とするものは【B】の内容を含む，【A】＋【B】タイプの物語であることも付け加えておきたい。

一方，観世音菩薩の前世を雲馬とする設定は，『カーランダ・ヴューハ』テキスト群にのみ見られる。テキストの成立年代に加え，物語の舞台を，すでに「師子洲」と読んでいる点を考えると，おそらくは他のテキストに比べて後の方に成立した物語ではないかと思われる。物語のテーマも，本生譚というよりもむしろ観世音信仰の功徳が強調されてお

---

102) 平岡（2007）も指摘している通り，『ウダーナヴァルガ（*Udānavarga*）』のものは，『出曜經』のものによく似ている。

na śraddhāsyanti vai ye tu narā buddhasya śāsanam /
vyasanaṃ te gamiṣyanti vaṇijo rākṣasīṣv iva / / 14
（ブッダの教えに帰依しないであろう人々は
災難に陥るであろう，羅刹女たちの間で［過ごす］商人のように。）
śraddhāsyanti tu ye nityaṃ　narā buddhasya śāsanam /
svastinā te gamiṣyanti　vālāhenaiva vāṇijāḥ / / 15
（一方，常にブッダの教えに帰依するでろう人々は
安穏に行くであろう，雲馬によって［行った］商人たちのように。）
［Franz Bernhard, *Udānavarga*, Göttingen, 1965, S. 282; XXI Tatāgathavarga, verse 14–15.］

また，『法集要頌經』（T 213）にも類似の偈頌が確認できた。

諸有不信佛　如比群盲類　　當堕於惡道　如商遇羅刹［IV 787c21–22］

り，本章で扱ったテキストの中では，新しいタイプの雲馬譚と見なしえるだろう。

さて，『今昔物語集』に収められた「雲馬譚」，すなわち「僧迦羅」の物語だが，ここに改めて前掲した雲馬譚の「あらすじ」とも照らし合わせてみる。物語のあらましを紹介すると，次のようになる。大筋では，他の「雲馬譚」とさほど変わらない。ただ，他の仏典テキストに一致しない点については，下線を付けてある。

まず，財を求めて旅をする隊商長として，「僧迦羅」，つまり，シンハラ（skt. *Siṃhala*；Pkt. *Siṃghala*）という人物が出てくる。そして，仲間とともに難船し，流れ着いた先で，それとは知らず，美女に化けた羅刹女と夫婦となって暮らす。やがて，僧迦羅は自分たちの「妻」の正体を知り，先に囚われの身となっていた男たちの忠告に従って，仲間とともに脱出を図る。ただ，特に方策を考えた上でのことではなく，ただ海岸に出て観世音にひたすら助けを求めて祈る。すると，海の中から「大きな白馬」が姿を現し，僧迦羅たち一行を載せて海を渡っていったので，商人たちは，羅刹女に未練を残した者を除いて，全員が無事に故郷に戻ることができた。

その数年後，「妻」であった羅刹女がさらに美しい姿で僧迦羅を訪ねてくる。そして，復縁を申し入れてくるのだが，僧迦羅は拒絶し，追い払ってしまう。すると彼女は王宮に行き，「夫」の不実を国王に訴える。王は僧迦羅を呼び出し，事情を尋ねるが，僧迦羅の訴えには耳を貸さなかった。さらに王は，羅刹女の美しさに心を奪われ，僧迦羅の忠告も聞かずに彼女を後宮に召し上げてしまう。その数日後，僧迦羅の懸念したとおり，王は羅刹女に食殺されてしまった。
そこで，すぐにその皇太子が王位を継ぎ，僧迦羅に軍勢を与えて羅刹女退治に向かわせる。僧迦羅は，兵を率いて羅刹女をすべて退治したので，新たな王は，その島を僧迦羅に与えた。今ではその島には人が住まいしており，「僧迦羅国」と呼ばれている。[103]

改めて物語を概観すると，仏典にみられる雲馬譚を下敷きにしたものであることは間違いないのだろうが，この「僧迦羅」の物語は，やはり，いくつかの点を変更し，改作されているようだ。

馬による商人救済譚とスリランカ建国譚の双方の要素は備えているが，先にも見たとおり，まず，この「大きな白馬」が何者なのかが記されていない。固有の名はおろか，「天馬」とも「聖馬」とも呼ばれない。観世音への祈りによって出現したのであろうことが推測されるだけで，観世音の化身なのか，あるいは観世音から派遣された「お使い」なのか，そう言った事柄すら語られていないのだ。

また，僧迦羅は自国の王位を得てから羅刹女の島に討伐に向かった訳ではなく，将校として派遣されている。特にこの点は，他の「スリランカ建国譚」をもつ雲馬譚には見られない物語の展開である。

加えて，観世音に救済を求めて祈った，というくだりがあるため，観世音信仰を勧める内容であることは察しがつく。その一方で，本生譚の性格もなく，ブッダの教えに帰依することを勧めるような詩文も，その内容に類するようなくだりも見られない。つまり，この物語における「尊い存在」は，すでにブッダではなく，観世音菩薩になっていると考えてよいだろう。ただし，「雲馬譚」を伝える仏典の中でただひとつ，観世音信仰を説く『カーランダ・ヴューハ』系のテキストにある雲馬譚には，このように直接，観世音に救済を求めて祈るといった記述はみられない。雲馬の「正体」は，観世音の昔日の姿として物語の最後に明かされるのでみある。つまり，「僧迦羅」物語の成立には，観世音信仰という点から何らかの影響を想定できるものの，やはり『カーランダ・

103)　cf. 今野（1999），pp. 388–394.

ヴューハ』系統のテキストに全ての影響を求めることは早急な考えといえよう。

ここまでの分類作業にもとづき，「僧迦羅」の物語の位置づけについて，ひとまず結論をつけるならば，まず，「馬による商人救済譚」であること，それから，「スリランカ建国譚」であることから，「雲馬譚」の範疇には入る。そして，この点は，従来の研究結果にも抵触するものではない。一方，「馬による救済」の背景には観世音信仰が見られるため，特に『カーランダ・ヴューハ』系のテキストとの関係は，注目しておかねばならないように思われる。

さらに，観世音信仰以外に，もうひとつの物語の性格を考えるなら，いわゆる「歴史物語」の側面があるように思われる。この話は，教訓を示すでもなくブッダの前世を語るわけでもなく，「然レバ其ノ国ヲバ僧迦羅国ト云フ也トナム語リ伝ヘタルトヤ。（そこで，その国のことを僧迦羅国というのだ，と語り伝えるということだ。）」[104]との文言で締めくくられている。つまり，僧迦羅（スリランカ）という国のできた訳を伝える「歴史物語」としての性格も読み取れるのだ。

この歴史話としての側面は，すでに「源泉」として指摘されている『大唐西域記』の雲馬譚にも共通している。そのため，次章ではまず，この『大唐西域記』の所伝についてさらに詳しく見てみよう。

3 『大唐西域記』の「雲馬譚」

今からみてゆくのは，唐代（7世期）の僧侶，玄奘三蔵の旅の記録に基づいて編纂されたテキスト『大唐西域記』にみられる「雲馬譚」であ

104)　今野（1999），p. 394.

る。ただし，この物語は，『大唐西域記』では「僧伽羅（スリランカ）建国譚」として扱われている[105)]。池上（2001）では『今昔物語集』にある「僧迦羅」の物語の源泉と位置付けられており，どうやら「雲馬ジャータカ」よりもより直接的な影響を与えたテキストと見られているようだ。たしかに，『今昔物語集』に関係するのであれば，パーリ語文献よりも漢語文献を想定するほうが自然なのだから，この点についてはごく妥当な見解といえるだろう。

ちなみに，この玄奘三蔵という人物は，現在の中国河南省出身で，俗姓は陳，諱を褘といった[106)]。父である陳慧（陳恵[107)]）には4人の息子がいたが，彼はその末子にあたる[108)]。幼いころから学問に秀でており，11歳で『維摩經』『法華經』を誦し，ほどなく出家した[109)]。優秀かつ向学心旺盛な青年僧だったと見えて，29歳（26歳[110)]）の時，国禁を犯して長安を抜け出し，ただひとりで西域に向かった[111)]。より高度な仏教の教えを求めてのことだったという。周知のごとく，彼は後に『西遊記』に登場する「三蔵法師」のモデルにされた人物だが，こういった行動とる点からして，あの小説の法師とは比べ物にならない程の激しい気性の持ち主だったことが窺える。単独のままタクラマカン砂漠を横断するという過酷な旅を続け，ついに高昌国に入った。その後は仏教徒であった高唱国王の援助もあって，比較的平穏な旅を続けてインドへ至ったようだ。そうして，当時，最高水準の学識を持ち合わせる仏教学徒が集っていた名刹ナーランダー寺院をはじめ，インド各地にある仏教聖地をめ

---

105) cf. 今野（1999），pp. 388–394脚注，池上（2001），p. 176 脚注，水谷（1971），p. 341 ff.

106) 『大唐故三藏玄奘法師行狀』［T. 2052 L 214a5］；『續高僧鶊傳』［T. 2060 L 446c8］。

107) 『大唐故三藏玄奘法師行狀』［T. 2052 L 214a9］。

108) 『大唐慈恩寺三藏法師傳』［T. 2053］ L 221b24–29;］。

109) 『續高僧傳』［T. 2060 L 446c15–25］。

110) 『大唐慈恩寺三藏法師傳』［T. 2053 L 222c23 ff］。こちらのテキストでは二十六歳のときから西域への旅を始めたように記されている。

111) 『大唐故三藏玄奘法師行狀』［T. 2052 L 214c24 ff］。

ぐって学問を深め，見聞を広めた[112)]。

『大唐西域記』は，このときの見聞録にあたるものである。内容はただの旅行記にとどまらず，当時（7世紀ごろ）の西域諸国やインドの地理や言語，風俗，神話伝説についても記されており，現在でも非常に貴重な資料とされている。

さて，その「西域記」に語られるスリランカ建国譚だが，実のところ，2種類の物語が記録されている。ここで取り上げるのは，その2番目に語られる物語だ。むろん，「雲馬譚」のひとつでもあるので前章でも少し扱ったが，ここで，改めてその物語のあらましを紹介しておこう。

昔，寶洲という島には大きな鋼の城があり，500人の羅刹女たちの住処だった。城の上には吉凶を予言する2本の幡（はた）があり，彼女等にとってめでたいことが起こる時には吉幡がはためき，凶事が起こる際には凶幡がはためく。島にやってくる旅の商人がいれば，彼女たちは美女に姿を変えて豪勢にもてなし，しばらく楽しく過ごすと，鋼の城にある牢屋に閉じこめ，やがて食べてしまうのだった。

さて，贍部洲に，裕福な隊商主で僧伽という人がいた。彼の息子は僧伽羅という名で，年をとって隠居した父に変わって家を取り仕切っていた。ある日，財宝を求めて500人の仲間の商人たちと航海の旅に出たが，途中で嵐にあい，寶洲に流れ着いた。羅刹女たちは例のごとく，美女に姿を変え，商人たちを出迎えた。やがて彼らはそれぞれ夫婦となり，子をもうけた。

やがて羅刹女たちは商人等のことを疎ましく思い，牢屋に閉じこめる機会を窺っていた。そのような中，僧伽羅は悪夢を見て不吉を感じ，故郷に帰ろうと思い立ち，帰り道を探した。すると，鋼の牢屋があるのに出くわした。中から泣き叫ぶ人の声が聞こえる。驚いて，傍の樹によじ上り，囚われてい

112)　『大唐故三藏玄奘法師行状』［T. 2052 L 215b14 ff］。；『大唐慈恩寺三藏法師傳』［T. 2053 L 224c14 ff］；『續高僧傳』［T. 2060 L 447b28 ff］

る人々に声をかけてみたところ，皆，島に流れ着き，しばらくは羅刹女たちと暮らしていた男たちだということが分かった。彼らは，僧伽羅に女たちの正体を告げ，逃げるように勧めた。島の海岸には天馬がいるので，その馬に乗せてもらうとよい，というのだ。

仲間の商人にもそのことを教え，皆して海岸に行き，天馬に頼むと，「私のたてがみに掴まって，振り返らなければ故郷に送り届けてあげよう」という。そこで，皆で掴まって逃げ出すことにした。

すると，気付いた羅刹女たちが子供をつれて追いすがってくるではないか。彼女等の言葉にほだされて，商人の仲間らは全員，それぞれの妻のもとに留まった。だが，僧伽羅は智慧深く，もはや未練もなかったので，羅刹女の言葉には耳を貸さず，馬の力をかりて海を越え，ただひとり故郷にもどった。

僧伽羅の「妻」は，羅刹の女王だったが，この不手際で地位を追われた。仕方なく，子をつれて贍部洲に渡り，まず，僧伽羅に媚態をつくして「復縁」を迫った。だが，僧伽羅が全く動じることなく追い払ったので，次は僧伽羅の父である僧伽に「夫に棄てられた」と取りなしを求めた。事情を知らない父は，初めは息子を説得しようとしたが，詳細が分かると羅刹女を追い出した。すると，女は王宮に向かい，王に訴えた。王は，女があまりに美しかったので，宮中に参じてきた僧伽羅の進言を聞き入れず，彼女を後宮に迎えた。その後の夜，羅刹女は一度自らの住処に飛び帰り，仲間の羅刹女たちを連れて後宮を襲った。そうして，王はもちろん，後宮の人々は皆，羅刹女に食い殺されてしまった。

事の起こった翌朝，いつまでたっても王宮の門が閉まったままなので，訝しく思った人々が中を調べてみると，誰もおらず，ただ骸骨ばかりが転がっている。人々は大騒ぎをして嘆き悲しんだが，僧伽羅の話を聞いて，事態を飲み込んだ。さらに，彼の智慧と人徳を見込んで，僧伽羅を王に推挙した。

僧伽羅は最初，王位に就くのを拒んだが，あまりに人々が頼むので，引き受けることにした。さらに，羅刹女を征伐すべく，自ら軍を率いて出発した。

鋼の城の上にある凶幡が動くのを見て，襲撃を悟った羅刹女たちは怯え，媚態を尽くして兵士らを誑かそうとしたが巧く行かず，結局，命を落とすか，あるいは他所に落ち延びた。僧伽羅らは，鋼の城と牢屋を壊して囚われた商人たちを解放し，その島に国をたて，王の名前をとって国名とした。そして，僧伽羅は，釈迦如来の前世である[113]。

先に示した雲馬王譚の「分類表」にもあるとおり，この物語は【A】の内容，つまり，「隊商長が空を飛ぶ馬に助けられた話（馬王救済譚）」と，【B】の内容「僧伽羅国の建国話（スリランカ建国譚）」の双方ともに兼ね備えている。

ここで，この隊商長の名前について，再び先にあげた「分類表」を見てほしい。特に『今昔物語集』との関係を考えて，漢文テキストのみに着目してみよう。すると，

『出曜經』……「師子」
『增壱阿含經』……「普富」
『大唐西域記』……「僧伽羅」
『根本説一切有部毘奈耶』……「師子胤」

となっている。一方，『今昔物語集』では「僧迦羅」となっているので，上記のうち，もっとも近い音を伝えているのはやはり『大唐西域記』といえるだろう。たしかに，『今昔物語集』の「僧迦羅」の物語自体は，前述のとおり，仏典にみられるいかなる「雲馬譚」とも完全な一致をみない。しかし，全体的な物語の構成の類似，そして，何よりも主人公の名前がかなり近い形で記されている点を考え合わせれば，これが『大唐西域記』のスリランカ建国譚を源泉としている，との池上（2001）の見

113）『大唐西域記』［T. 2087 LI 933a12 － 934a9］。cf. 邦訳：水谷（1971），pp. 341-345（大唐西域記巻第十一・一・三）。

[図１]
雲馬譚を描いたレリーフ
（マトゥラー出土２，３世紀頃　カルカッタ博物館蔵）
無断複製を禁ず
（写真家丸山勇氏の提供による）

［図２］
前ページレリーフの上段：隊商長が獄中の男たちと言葉を交わしている。
無断複製を禁ず
（写真家丸山勇氏の提供による）

［図 3］
同中段：馬に乗って脱出する隊商長。馬の足下には追いすがる羅刹女が描かれている。

（写真家丸山勇氏の提供による）

［図４］
同下段：島に残留し，それぞれの「妻」と戯れる男たち。その下にことさら大きく彫られた舌を出す女性の顔が，羅刹女としての正体を暗示している。

（写真家丸山勇氏の提供による）

解は，充分支持できるだろう。

また，『大唐西域記』の方は，2つあるスリランカ建国譚のうち，「仏教で伝えられるスリランカ建国譚」としてこの物語を記しているし[114]，前章の最後でも言及したとおり，『今昔物語集』の「僧迦羅」譚は，観世音信仰の推奨だけでなく，スリランカ建国にまつわる「歴史話」として位置付けている側面も窺える。つまり，両者ともにスリランカ建国の歴史を伝えようとする性格をそなえており，こういった点からも，この2つのテキストは近い関係にあるといえよう。

だが，ここでもう一度考えてみたいのだが，『大唐西域記』は，あくまで玄奘自身の見聞に基づくものである。したがって，彼が記憶したこの物語そのものに「原典」があったとしても不思議ではない。こういう視点から，ふたたび，上に示した「隊商長の名前」をみてみると，もうひとつ，「僧迦羅 / 僧伽羅」に近い名前が見いだせる――『根本説一切有部毘奈耶』の「師子胤」である。

一見，この名前は「僧迦羅」あるいは「僧伽羅」とな全く無関係にみえるかもしれない。だが，この名前のサンスクリット語としては，*Siṃhala* が想定できるのだ。まず，「師子」の前2文字は *siṃha* の音写であろう。そして，最後の「胤」の文字は血統を継いだ子孫を意味する。一方，サンスクリット語の接尾辞 *–la* は，「小さい」という意味を添える役割があるとされる[115]。つまり，「ちいさなシンハ」「シンハの子」，すなわち「師子胤」の名で記されたものと考えることができる。

また，先の分類表の内容には入っていないが，テキスト文中からは，

114) 斯一説也。佛法所記則曰。……［vi 933a12–14］（またひとつ［スリランカ建国の］話がある。仏教で記されているものにあるのだが，……）との書き出しで，この物語が語られている。

115) cf. F. Edgerton, *Buddhist Hybrid Sanskrit Grammar and Dictionary* vol. 1, New Delhi, Motilal Banarsidass, 1985, 22. 47; Suffix *–la*（and *laka*）の項目。この中で，接尾辞 *–la* には，diminutive（指小辞）の機能がみられることが述べられている。

この２つのテキストにしか共通しない要素も見いだせる。

ここで，さらに「僧迦羅」の物語の源泉を追跡するべく，『大唐西域記』と『根本説一切有部毘奈耶』の「雲馬譚」をあらためて比較してみることにしよう。

4『大唐西域記』と『根本説一切有部毘奈耶』

『大唐西域記』と『根本説一切有部毘奈耶』の「雲馬譚」は，ともに「馬による救済譚」（【A】）と「スリランカ建国譚」（【B】）をそなえている。ただ，その他の項目については，隊商長の名前についてはさておき，いまひとつ明確な一致はないように見える。そこで，ここからは特にこの２つの物語の関係に注目し，新たな比較項目をもうけて，比較をすすめてゆきたい。なお，先に示した「雲馬譚の分類」と重複する部分もあるだろうが，ご諒承ねがいたい。

本章において着目したいのは，以下の７項目である。

1．羅刹女たちの住処には，吉凶を告げる幡がある。…「吉凶幡」
2．羅刹女が隊商長を追いかけてくる。…「羅刹女の追跡」
3．羅刹女は王を殺してしまう。…「王の殺害」
4．隊商長が王位を継ぐ。…「王位継承」
5．羅刹女の島まで攻め入り，退治する。…「羅刹女退治」
6．建国して，王の名を国名とする。…「建国」
7．隊商長をブッダの前世とする本生譚（ジャータカ）である。…「物語の主旨」

ちなみに，『根本説一切有部毘奈耶』をサンスクリット語から漢語に訳出したのは，こちらもまたインドまで旅をして知識を得てきた唐代の名僧，義浄（8世紀）である。つまり，『大唐西域記』よりも後に世に出た文献ということになるわけだから，これが玄奘帰国後の「回想録」ともいうべき『大唐西域記』編纂の際に用いられたわけではない。しかし，ともに7—8世紀のインドに足を運び，現地で採取した情報を唐にもたらした人物に所縁のあるテキストであり，そういった点からも，この両テキストの関係は興味深いものであるように思われる。

さてこれより，上にあげた項目ごとに，テキストの記述を比較してみよう。なお，前掲のリストのとおり，『根本説一切有部毘奈耶』にはチベット語訳，モンゴル語訳のテキストも存在するのだが，『大唐西域記』との比較という観点から，漢語テキストのみを比較対象としたい。なお，煩雑さを緩和するために，これより先，『大唐西域記』を「西域記」，『根本説一切有部毘奈耶』と「毘奈耶」と簡略化した形であげる。

（1）吉凶幡

羅刹女の住処には，吉凶を告げる不思議な幡（はた）があったことが，「西域記」には記されている。

> ［羅刹女たちの住む］城楼の上には，2本の高い幡が立っていて，吉凶の兆しを示すのだった。吉事があれば吉の幡が動き，凶事があれば凶の幡が動くのだった[116]。

「毘奈耶」にも，同じようなくだりがある。

> その城壁の上には2本の幢幡が立っていた。ひとつは「慶喜」，もうひとつは「恐畏」といった。この幡が動くということは，吉や凶の兆しのあらわれであった。[117]

116)　城樓之上竪二高幢表吉凶之相。有吉事吉幢動。有凶事凶幢動。［T 2087 LI 933a14–15］。
117)　於其城上竪二幢幡。一名慶喜。一名恐畏。此幡若動表吉凶相［T. 1442 XXIII 888a18–19］。

両テキストとも，この幡の動きで獲物である商人らの漂着，もしくは敵の襲来を，事前に察知したとされている。物語の中では比較的重要な小道具と位置付けてよいだろう。しかも，実のところ，前掲リスト中の「馬王譚」テキスト群のなかで，この不思議な幡が出てくるのは「西域記」と「毘奈耶」のみである。両テキストの関連性を示唆する要素といえる。

(2) 羅刹女の追跡

次に見るのは，隊商長の妻となっていた羅刹女が故郷の街に帰った「夫」を追いかけてくるくだりである。『大唐西域記』では，次のような記述が見られる。

> 僧伽羅は，智慧が深くて心に迷いがなかったので，大海を超えて危機から逃れることができた。そこで，［彼の妻であった］羅刹の女王は手ぶらで鋼の城に帰って来た。他の［羅刹］女らはいった。「あなたは智略がないから，夫に棄てられるのです。才能も少ないのですから，もうここに居てはなりません。」そこで，羅刹の女王は，生まれた子を伴って，僧伽羅の前に飛んで行き，この上ない媚を尽くして誘惑し，戻ってこさせようとした[118)]。

一方，『根本説一切有部毘奈耶』の方でも羅刹女の追跡が見られる。ただし，彼女は仲間の羅刹女たちに強要されて，この行動に出ている。

> そのとき，師子胤の妻は羅刹女たちの長だったが，その夫が城内にいるのか探そうとしなかった。羅刹女たちが皆してやってきて，いった。「わたしたちの仲間が逃げた夫を捜し出し，連れ帰ってともに喰らったように，あなたは夫が去ってしまったのに遠くまで探そうとしない。この様子から見て，

---

118)　僧伽羅者。智慧深固心無滯累。得越大海免斯危難。時羅刹女王空還鐵城。諸女謂曰。汝無智略爲夫所棄。既寡藝能宜勿居此。時羅刹女王持所生子飛至僧伽羅前。縱極媚惑誘請令還。［T 2087 LI 933b18-22］。

瞻部洲にかえってしまったのだろう。もしすぐさま探し出して捕まえるならばそれでよし，もしもできなければ，わたしたちがお前を食べようじゃないか。」……そして，隊商長の妻はすぐさま，ひとり空に飛び上がり，大海を超え，肘を伸ばす（くらいの僅かな間に）瞻部洲についた[119)]。

若干の差異はみられるものの，両テキストとも，羅刹の女王は，仲間の羅刹女に追放されるような形で「夫」の追跡に向かったことを伝えている。また，羅刹女の移動手段が「空を飛ぶ」という点も共通している。

(3) 王の殺害

王宮に現れた羅刹女を目にした後の王の行動については，両テキストともに共通している。つまり，彼女の正体を知る隊商長の忠告に耳を貸すことなく，美女に化けた羅刹女を後宮に入れてしまうのだ。結局，王は殺されるのだが，後宮に入り込んだ羅刹女が単独で手を下したのか，仲間とともに凶行に及んだのかという点にも，注意を払って読んでみたい。まずは「西域記」の記述をあげよう。

その後の夜，［羅刹の女王は］寶渚（羅刹女の住処）まで空を飛んで帰った。残りの500人の羅刹女を呼び集め，ともに王宮に向かった。「毒呪術」を使って宮中の人々を惨殺した。あらゆる動物や人の肉を喰らい血を飲み，余った死骸は寶渚に持ち帰った。翌朝，群臣が朝礼のために王宮の門のところに集まったが，門は開かなかった。[120)]

---

119)　時師子胤妻大羅刹女。不尋其夫住在城內。諸羅刹女俱來告曰。如我等輩尋覓逃夫。持以歸還俱共噉食。汝夫主去竟不遠求。准此情狀遣還瞻部。若即尋覓獲得者善。若不得者我當食汝不應致恨。彼既聞已極生憂怖。告諸羅刹女曰。汝等固執苦令覓者。我今宜往瞻部洲內擒捉將來。衆羅刹女曰。斯爲甚善。時商主婦即自騰虛超越大海。屈伸臂頃至瞻部洲。［T. 1442 XXIII 889c21-29］。

120)　其後夜分飛還寶渚。召餘五百羅刹鬼女共至王宮。以毒呪術殘害宮中。凡諸人畜食肉飲血。持其餘屍還歸寶渚。旦日群臣朝集王門閉而不開。［T. 2087 LI 933c12-15］。

このテキストでは，宮中に羅刹女は仲間を連れてやって来て，人々を喰らったとされる。また，余った「食べ物」を持ち帰るとの記述もみられる。

一方，「毘奈耶」では，このように伝えられる。

……［羅刹女の長は］夜半，空に飛び上がって，赤銅洲の羅刹女らのところに戻って来た。女たちはみなして大喜びでやって来て，「隊商主はどこにいるのだ。」と尋ねた。［彼女は，仲間の］女たちに言った。「きょうだいよ，何故，あの隊商主ひとりにこだわるのだ。わたしは，お前たちと分かれて贍部洲にゆき，師子劫城（王国の名）の師子頂王のところに行き着いたのだ。あいつは，わたしを受け入れ，後宮に迎えて妃にしたぞ。わたしは，なまめかしく媚態をつくしてやったから，城中の人はみな思いのままだ。王は政をおさめず，心は酔いしれ，荒み迷っている。お前たち，一緒にあの城に来るがいい。思いのままに［人間どもを］喰らい，［余った屍肉は］心のままに持ち帰ろうぞ。」

羅刹女たちはその言葉を聞いて大喜びして，空に飛び上がった。その夜のうちに師子劫に到着し，城内の人をむさぼり食った。夜が開けても，城門が開かない。王宮の上には，沢山の人の肉を食べる猛禽が空いっぱいに飛び回っているのが見えた。[121)]

羅刹の女王が，自らの近況報告をするなど，「西域記」よりも詳細な描写がみられる。しかし，やはり宮中に仲間を呼び入れて凶行に及ぶという点，また，食べきれなかった食料を持ち帰ろうというくだりについても，両テキストはよく類似しているといえるだろう。

121)　便於夜半淩虚而還。往赤銅洲羅刹女所。諸女見來倶生慶喜。問言商主今在何處。告諸女曰。姉妹汝何念彼一商主乎。我別汝等至贍部洲。到師子劫城師子頂王所。彼遂納我令入後宮。册我爲后。我縱妖媚使城中人皆無自在。王不理政心醉荒迷。汝等可共倶行詣彼城所。隨情噉食任意持歸。諸羅刹女聞是告已。歡喜踊躍飛騰虚空。即於其夜至師子劫。食噉城内所有人物。至天曉已城門不開。於王宮上見諸雕鷲食人肉者飛滿空中。［T. 1442 XXIII 890c21-891a2］。

(4) 王位継承

王が殺されて後，その位を継ぐ人物についても「西域記」と「毘奈耶」の筋書きはよく類似している。まずは，「西域記」の方からみてみよう。

> そこで，輔弼の年老いた大臣や［その他の］多くの官吏，古参の将軍らは，あまねく明徳の人をたずね，人格の高い人を推挙する［ことになったが］，皆，僧伽羅の福徳と智慧を頼みとした。そして，皆で話し合った。「君主たるもの，いい加減な人物ではいけない。［必要条件は，］第1に，福徳と智慧を備え，第2に聡明で物事に通じていることだ。福徳と智慧なくして，［王という］尊い位につくことはできないし，明哲でなければ重要な任務など，どうしてこなすことが出来ようか。僧伽羅は，まさにそういった人だ。……人々は大喜びで［僧伽羅を］推挙し，王とした[122)]。

次に，「毘奈耶」では，このように伝えられている。

> もっとも上位の大臣が人々に言った。「先代の王は亡くなって，跡継ぎもおられない。帝位には誰もおらず，民には主がおらぬのだ。王がいなければ，立ち行かぬ。さて，誰を王にすればよいだろうか。」……大臣たちは，話し合って言った。「まことに，［人々の］言うとおりである。彼の人に君主となっていただこう。」すぐさま，皆して隊商長のところに向かった[123)]。

この後，王位を継ぐようにとの人々の嘆願を，隊商長は辞退する。細かな違いをあげれば，「毘奈耶」の方は3度請われて王位に就くのに対し，「西域記」では1度断るものの，すぐに断りきれないと悟って即位することになっている。このように，多少の違いはあるものの，この項目に

---

122) 於是國輔老臣群官宿將。歴問明徳推據崇高。咸仰僧伽羅之福智也。乃相議曰。夫君人者豈苟且哉。先資福智次體明哲。非福智無以亨寶位。非明哲何以理機務。僧伽羅者斯其人矣。……衆庶樂推尊立爲王。［T 2087 LI 933c19–26］。

123) 第一大臣告諸人曰。先王已死復靡儲君。寶位既虚百姓無主。無君不立。今當册誰。……大臣議曰。誠如所言。宜令彼人以爲君主。即便共至商主之處。［T. 1442 XXIII 891a18–28］。

ついても両テキストの内容は，よく類似しているといえるだろう。

(5) 羅刹女退治

次は，羅刹女を退治する場面である。特に，退治の手段として「神呪」を取り入れている点にし注目されたい。まずは，「西域記」の記述をみてみよう。

> ［王は，］命令を下していった。
> 「わたくしの昔の商人仲間は羅刹の国にいて，生きているのか死んでいるのか確かではなく，［今となってはその］善悪すら分からない。今や，［彼らを］助け出そうと思う。宜しく軍勢を整えなさい。危うきを助け，災難にある人を憐れむのは，国家の福徳である。貴重な寶を蔵に収めるのは，国家の利益である。」
> 　そこで，兵を整え，海に漕ぎ出した。すると，鋼の城の上にある凶幡がすぐに動いた。羅刹女たちはそれをみてすっかり怯え，なまめかしく媚態をつくして出迎え，誑かそうとした。王は，もとよりそれが偽りであるが分かっていた。［そこで，］兵士たちには，口には神呪を唱え，身体では武威を奮るわせた。羅刹女たちは，ことやぶれて敗退した。ある者は孤島に逃隠れた。またある者は［海に］溺れ，流されてしまった[124)]。

次に，「毘奈耶」の方をみよう。この場面については比較的長い記述が見られるので，適宜，区切ってあげてゆく。

> 　そこで，王は考えて言った。「私は昔，商人で，海に出て財宝を得ていた。ともに行った仲間は羅刹に食べられてしまった。あのとき，私はあの忌々しい災いを除く力がなかったが，今は国の王となり，望み通りのことができ

---

124)　乃下令曰。吾先商侶在羅刹國。死生莫測善悪不分。今將救難。宜整兵甲。拯危恤患。國之福也。收珍藏寶國之利也。於是治兵浮海而往。時鐵城上凶幢遂動。諸羅刹女覩而惶怖。便縱妖媚出迎誘誑。王素知其詐。令諸兵士。口誦神呪。身奮武威。諸羅刹女蹎墜退敗。或逃隱 1 孤島。或沈溺洪流。［T 2087 LI 933c28–934a6］。

る。羅刹を除いて我が宿願を遂げよう。」そこで，すぐに広く命令を下して鬼神を使うことのできる術師を招いた。[125]

この後，王は兵士や術師を率いて羅刹女のいる島に船を出す。一方，羅刹女たちはその襲撃を例の吉凶幡の動きで察知するのだが，この点についても「西域記」と共通している。

すると，羅刹城内の凶幡がたなびいた。女たちはそれを見て，お互いに言い合った。「きょうだい，分かっているだろう，今，凶幡が動いたぞ。贍部洲の人間が，昔の恨みつらみを抱いているの違いない。……」[126]

ただし，「毘奈耶」のテキストには，「西域記」のように，羅刹女たちが媚態を示して軍隊を籠絡しようとしたとの場面はない。危機を感じて海岸に集まった羅刹たちの前で，王が軍勢を上陸させるところから見てみよう。

そのとき，師子胤王は全体に命じて船をつながせた。4つの部隊が一斉に船をおり，腕を振り上げて大声をあげ，羅刹らと戦った。また，神呪を使って羅刹を目に見えない力で動けないようにした。矛や矢を交えて，半数以上を殺した。明呪の力で逃げることも抵抗することもできず，生き残ったものは命乞いをした。王は言った。「誓うなら命は助けよう，お前たちは，今後は他所にゆくがいい。戻って来てはいけないし，殺戮もしてはならない。言いつけを守るのなら，命は助けてやる。」……すると，羅刹女たちは王に拝辞して，どこか遠くに行ってしまった。[127]

このように，「毘奈耶」では生き残りの羅刹女がいて，その助命を聞き入れている。「西域記」の方でも羅刹女の中に遁走したものがいるとの

125)　王乃念曰。我昔商人入海取寶。同行之輩爲羅刹所食。我時無力除彼怨害。今爲國主所欲隨情。屏除羅刹滿我宿願。即便下令廣召呪師能役使鬼神者。[T. 1442 XXIII 891b11–891b14]。

126)　時羅刹城内凶幡飄動。諸女見已共相謂曰。姉妹當知今凶幡動。必有贍部洲人念昔怨惡。[T. 1442 XXIII 891b19–21]。

記述はあるが，助命するくだりはみられない[128]。一方，両テキストとも，戦いの際に「神呪」として，いわゆる呪術的な力を重用していたことが記されている。これも，他の「雲馬譚」には見られない所伝であり，これらふたつのテキストにのみ共通する要素といえる。

(6) 建　国

羅刹女らの住処であった島に新たな国をつくり，王となった隊商長の名を国名としたのも，両テキストに共通する点である。まず，「西域記」には，このように記されている。

> そうして鋼の城を解体し，鋼の牢屋も壊した。[昔の仲間の] 商人を助け出して，多くの宝物を手に入れた。人々を募って [羅刹女たちの住処であった] 寶洲に移住させ，都を建設し，村をつくって，ついに国を建てた。[そして] 王の名前にちなんで国の名前とした[129]。

一方，「毘奈耶」では，このように伝えられている。

> すると師子胤王は古い町をきれいに掃除して鋼の牢獄を壊した。重ねて辺境を開拓して新しい町を造った。……その国は王の名前に由来して，「師子洲」と名付けた。[130]

羅刹女たちが使っていた城と牢を壊し，新たな都市を建設する点も，

127) 其時師子胤王總命維舟。四兵俱下奮臂大呼。與羅刹共戰。乃縱神呪冥縛羅刹。鉾矢既交殺戮過半。明呪力故走叛無由。所有餘殘請命求救。王乃告曰。共立要盟方存汝命。汝從今後移向餘處。不得重來更爲殘戮。若隨教者得存餘命。諸羅刹女稽首拜曰。我等昔來廣興暴惡。從今已往奉遵言教。遷移遠去不敢傷殘。時羅刹女拜辭王已遠適餘方。[T. 1442 XXIII 891b23-891c2]。

128) 諸羅刹女蹎墜退敗。或逃隱孤島。或沈溺洪流。[T. 2087 LI 934a4-6]。

129) 於是毀鐵城破鐵牢。救得商人多獲珠寶。招募黎庶遷居寶洲。建都築邑遂有國焉。因以王名而爲國號。[T 2087 LI 934a7-8]。

130) 時師子胤王平除舊城破鐵城獄。重開疆宇建立新城。……彼國因王以爲其號名師子洲 [T. 1442 XXIII 891c2-5]。

国名の由来とともに，両テキストに一致する要素であることが確認できる。

(7) 物語の主旨

物語を締めくくる際に「西域記」は，この物語をブッダの前世物語，すなわち本生譚であることを伝えている。

> 僧伽羅とは，つまり釈迦如来の前世のことである[131]。

そして，「毘奈耶」も同じような内容を示して物語をしめくくる。

> そのとき，世尊（ブッダ）は，比丘たちに語った。「君たち，考え違いしてはいけない。あの時の師子胤王は，このわたくしなのだ。[132]」

このように，「西域記」「毘奈耶」ともに，主人公である隊商長をブッダの前世と位置付けていることが確認できる。

さて，「西域記」と「毘奈耶」の関係について，ここで今まで見て来た内容をまとめておこう。

まず，サンスクリット語を想定すれば，主人公である隊商長の名は，両者とも共通しているといえる。また，羅刹女たちの住処にある吉凶を告げる不思議な幡の存在は，他の「雲馬譚」にはなく，この両テキストにのみ共通している。この点は，注目に値するだろう。

また，物語の後半にあたる，贍部洲まで羅刹女が追いかけてくるくだりでも，「西域記」と「毘奈耶」は共通点が多い。羅刹女の長が仲間に迫られて「夫」を追跡する点や，後宮を襲う際に仲間を引き連れてくるくだりなども，よく類似している。さらに，国名の由来や，物語の主旨

131) 僧伽羅者。則釋迦如來本生之事也［T 2087 LI 934a8–9］。
132) 爾時世尊告諸苾芻。汝等勿生異念。往時師子胤王者即我身是。［T. 1442 XXIII 891c6–7］。

が「本生譚」である点も，一致している。

テキストの成立自体は「西域記」のほうが「毘奈耶」よりも早いということは，先に述べたとおりである。だが，ここに示したテキストの類似点をふまえれば，両者に見られる「雲馬譚」は，とくに関連性の深いものであるように思われる。

たしかに，物語の内容のすべてが完全に一致していた訳ではない。しかし，「西域記」は，あくまで旅の回想録であり，玄奘の見聞した事柄のひとつとして，この物語が記されている。つまり，原典にもとづく厳密な翻訳テキストではなく，玄奘自身の記憶に依るものである。多少の記憶違い，あるいは，書き落としもあるかもしれない。換言すれば，「西域記」の記述と完全に一致する翻訳テキストは，もともと存在しにくいと考えていいのである。それにも関わらず，これだけの一致が「毘奈耶」に見いだせるということは，かえって「西域記」との関わりを示す事例とみなすことができるだろう。また，「西域記」が出来上がった時代と「毘奈耶」の翻訳年代が，7―8世紀と近いということも，両者の関係性を示唆する要素になりえる。

ここまでの比較検討内容を考え合わせてみると，「西域記」と「毘奈耶」の「雲馬譚」は源泉を共有している可能性が高いと考えてよいと思う。玄奘の旅の記憶のひとつとして残されたこの物語は，「毘奈耶」の原典 *Vinayavibhaṅga* のサンスクリット語テキスト，あるいはそれに類するものの一部であったと考えられるのだ。つまり，『今昔物語集』の「僧迦羅」の源泉は，「西域記」のみならず，「毘奈耶」原典まで遡りえるのである。

もっとも，「西域記」と「毘奈耶」の雲馬譚は，ともにブッダの前世物語，つまり，本生譚という側面をもつが，「僧迦羅」の物語にはそういった要素はみられない。こちらの物語には，そもそもブッダに関する記述はなく，「尊い存在」として示唆されるのは観世音菩薩である。スリランカ建国譚という位置付けから，「西域記」，ひいてはそれと原典を共有しているであろう「毘奈耶」との関連は想定できる。しかし，観世音信仰という点については，「西域記」「毘奈耶」ともに，その影響を求めることはできない。観世音信仰という要素については，やはり，また別のテキストの影響を想定する必要がありそうだ。

5 『佛説大乘荘嚴寶王經』,『今昔物語集』,「普門品第二十五」

この『今昔物語集』にある「僧迦羅」物語にみられる不思議な白馬と観世音菩薩の関係について，従来の見解では，『妙法蓮華經』，通称『法華経』にある「観世音菩薩普門品第二十五[133]」との関連性が指摘されている[134]。この「普門品」の偈頌の中に，観世音菩薩の救済が及ぶ案件のひとつとして，難船と羅刹の災いがあげられており，それが『ジャータカ』などに見られる空を飛ぶ馬の物語と関連づけられたというのだ[135]。以下に，そのくだりをあげよう。

> もしも百千万億の衆生が，金・銀・瑠璃・車渠・瑪瑙・珊瑚・琥珀・真珠などといった財宝を求めて大海に入り，暴風がその船に吹き付け，羅刹鬼の国に漂着してしまったとしても，もしもその中に1人でも観世音菩薩の名を唱える人がいるなら，その全員が羅刹の難を逃れることができるのである[136]。

しかし，この記述そのものの中には，羅刹という言葉はあっても羅刹

133) 『妙法蓮華經』〔T. 262〕訳者：鳩摩羅什（5世紀），「観世音菩薩普門品第二十五」IX 56c2-58b7。

134) cf. Julia Meech-Pekarik, 'The FlyingWhite Horse: Transmission of the Valāhassa Jātaka Imagery from India to Japan', *Artibus Asiae / Institute of Fine Arts, New York University* vol. XLIII（1981 / 1982），Ascona; Artibus Asiae, pp. 111-128.
今野（1999），p. 390注14，p. 503。

135) cf. Meech-Pekarik（1981/ 1982），pp. 115-116.

女との記述はみられないし，「雲馬譚」に必ず登場する空を飛ぶ白い馬に関する言及もない[137]。果たして，この一節のみで「僧迦羅」に登場してくる「白キ馬」と関連づけられるものなのだろうか。

たしかに，『今昔物語集』そのものに『法華経』信仰の影響が見られるのはすでに指摘されていることであり[138]，「僧迦羅」にもその影響がまったくないとは考えにくい。ただ，この問題についても，「別のテキスト」の影響は考えられないだろうか。

ここで筆者は，「雲馬譚」と観世音霊験譚の双方の要素を含むテキストである，『佛説大乗荘厳寶王經』に着目したい。前の章でもあげたが，これは『カーランダ・ヴューハ』の漢語訳テキストである。なお，『カーランダ・ヴューハ』も複数テキストに訳されており，この漢語テキストの他に，サンスクリット語，チベット語，モンゴル語テキストが確認されることは，先ほど示した「関連テキスト一覧」の中にあるとおりである。

あらためて説明すれば，『佛説大乗荘嚴寶王經』（以下「寶王經」と略す）のサンスクリット語には，散文と韻文の2種があり，散文の方は【A】の「雲馬王による救済譚」のみ，韻文テキストでは【A】と【B】，つまり，「スリランカ建国譚」まで含む内容になっている。そして，漢語テキスト，チベット語テキストとその訳本とみられるモンゴル語テキストの構成は，散文テキストと同様，【A】のみで出来上がっている。

そもそも，この「寶王經」とは，観世音菩薩の救済力を説くのがテーマである。いわば，「観世音菩薩霊験譚集」のような内容になっている。観世音信仰の真言として名高い *Oṃ maṇipadme hūṃ*　――特に，これは

136)　若有百千萬億衆生。爲求金銀琉璃車渠馬瑙珊瑚虎珀眞珠等寶。入於大海。假使黒風吹其船舫。飄墮羅刹鬼國。其中若有乃至一人。稱觀世音菩薩名者。是諸人等。皆得解脱羅刹之難。［T. 262 IX 56c11-15］。

137)　cf. Meech-Pekarik（1981/1982），p. 116.

138)　cf. 今野（1999），p. 526，pp. 532-533。

チベット仏教圏で親しまれている真言である ── の由来となる経典といわれる[139]。インド仏教圏でも人気を博したらしく，特にネパールでは細密画をつけた装飾版のサンスクリット語写本まで造られている[140]。7世紀頃に比定されるギルギット写本も発見されているため，この物語の成立は，すくなくともその頃までは遡る事ができるとされる[141]。

さて，このテキストにおける雲馬の位置づけについて，もう少し詳しく確認していこう。ここでも，「僧迦羅」物語との関わりを視野に入れ，漢語テキストを中心に紹介する。

すでに紹介したパーリ語文献の「雲馬ジャータカ」は，おそらく「雲馬譚」の原型と考えられるものだが[142]，その中で，この不思議な馬はブッダの前世として説かれる。

> またその時，菩薩は雲馬の胎に生まれ変わった。[143]

> ［ブッダは語った。］「あのとき，雲馬王の言葉に従った250人の商人は，［現在の］ブッダのところに集う人々でした。一方，雲馬王は，他ならぬわたくし自身なのです[144]。」

前にも述べたが，上座部仏教に伝わる『ジャータカ』において，「菩薩」とは成道前のブッダを意味する。それは，ブッダが王子として生まれた

139)　cf. Alexander Studholme, *The Origins of Oṃ Maṇipadme Hūṃ — A Study of the Kāraṇḍavyūha Sūtra —*, New York; State University of New York Press, 2002.

140)　cf. 佐久間留理子,「観自在菩薩の説話と美術─大英図書館所蔵『カーランダ・ヴューハ』装飾写を中心として─」,『汎アジアの仏教美術』（宮治昭先生献呈論文集編集委員会編），東京；中央公論美術出版，2007年，pp. 172-195.

141)　佐久間（2007），p. 173。

142)　パーリ文献の「雲馬譚」を「原型」と位置付ける点については，前掲拙稿（山口（2012））を参照されたい。

143)　*tasmiṃ pana kāle bodhisatto valāhassayoniyaṃ nibbatti.*［129. 8-9］

144)　``*tadā valāhassarājassa vacanakarā aḍḍhateyyasatā vāṇijā buddhaparisā ahesuṁ, valāhassarājā pana aham evā'' 'ti.*［130. 20-21］

ときの物語でも，バラモンとして生を受けたときの話でも，はたまた，猿の王として生まれた時の話でも変わらない。ブッダが自身の前世として弟子たちに説いた物語のひとつとして，この雲馬王の話が残されているのだ。一方，他の「雲馬王譚」の中には，例えば「西域記」や「毘奈耶」にあったように，隊商長をブッダの前身とするタイプも存在している。そして，本書で取り上げる「寶王經」は，雲馬についてこのように伝えている。

> ブッダは，除蓋障（じょがいしょう）菩薩に告げた。「あの時の聖馬王は，偉大なる菩薩である観世音菩薩なのです。こういった危険な死の恐怖において，わたくしを助けてくれました[145)]。」

ここに登場する「除蓋障菩薩」とは，観世音菩薩ほど広く知られてはいないかもしれないが，その名のとおり，悟りを求める上でのあらゆる障害を取り除く菩薩といわれる。この菩薩からの問いかけにより，ブッダは観世音菩薩の功徳を説いてゆく。その事例のひとつとして語られたのが，この「雲馬譚」とされている。

引用で示したとおり，物語の中では，ブッダの前世は羅刹女の難に陥った隊商主，それを救った不思議な馬が観世音菩薩の前身，ということになっている。

このテキストの中に現れる馬について，さらに詳しく紹介しておこう。羅刹女の国からの脱出を決意した隊商長が，仲間の商人たちを率いて逃げる中で，その脱出の算段について話している場面をあげる。

> この師子国には聖馬王がいるのだ。あらゆる生きものを助けることができる。彼はすぐれた白い薬草を食べて，［岸辺の］金砂のうえで転がってから身体を起こし，身震いすると，3度呼ばわるのだ，「誰か，向こう岸に行きた

145)　佛告除蓋障菩薩時。聖馬王者即觀自在菩薩摩訶薩是。於是危難死怖畏中救濟於我。［T 1050 XX 57c2–3］。

い人はおりますか」と[146]。

ところで，上座部仏教に伝えられる『ジャータカ』の方には，次のような記述がみられる。

> 一方，その時，菩薩は雲馬の胎に生まれ変わった。全身が真っ白で，烏の［ように黒い］頭をして，ムンジャ草の［ような］鬣をもち，神通力をそなえ，天空を行くのだった。彼はヒマラヤから中空に飛び立ち，タンバパンニ島にやってきて，そこでタンバパンニ池のほとりに自生している稲を食べて行くのだった。そうやって行きながら，「人の国に行きたい人はおりますか，人の国に行きたい人はおりますか」と，3度，やさしさに満ちた人の言葉を口にした[147]。

馬の食べものや，その名称などは異なっているが，馬の毛色や，羅刹女の島から脱出を望む人を探す呼びかけを3度発するといった点は，共通している。筆者は，「寶王經」の成立は，その他の雲馬譚とくらべて遅い方ではないかと先に述べたが，『ジャータカ』のそれと比較すると，雲馬のイメージは多少の変容を遂げてはいるものの，やはりある程度，定まった形があることがわかる。

ちなみに，「寶王經」のなかでも隊商長以外の商人らは全員，「振り返ってはいけない」[148]という馬の忠告を聞かず，羅刹女たちの方を振りかえってしまう。そして彼らは海に落ちて彼女たちの餌食となり，隊商

---

146)　此師子國有聖馬王。能救一切有情。彼食大白藥草。於金砂王。能救一切有情。彼食大白藥草。於金砂驟而起振擺身已。三復言云誰人欲往彼岸。［T. 1050 XX 57a11-13］。

147)　*tasmiṁ pana kāle bodhisatto valāhassayoniyaṁ nibbatti, sabbaseto kākasīso muñjakeso iddhimā vehāsaṁ gamo ahosi. so himavantato ākāse uppatitvā tambapaṇṇidīpaṃ gantvā tattha tambapaṇṇisare pallale sayaṁ jātasāliṁ khāditvā gacchati, evaṁ gacchanto va "janapadaṁ gantukāmā atthi, janapadaṁ gantukāmā atthīti" tikkhattuṁ karuṇāya paribhāvitaṁ mānusivācaṁ bhāsati.* ［129. 8-129. 14］

148)　すると，聖馬王は勢いよくその身を奮い立たせてこういった。「君たちは前に進まねばならない。師子国を（恋しく想って）振り返ってはいけないよ」。（時聖馬王奮迅其身而作是言。汝等宜應前進。勿應返顧師子國也。）［T. 1050 XX 57b10-11.］。

長だけが無事に帰国することができた[149]，という場面でこの物語は終わる。

このように，「寶王經」にみられる雲馬譚は，雲馬による救済譚のみで完結している。つまり，「スリランカ建国譚」に相当する記述はもたないのだが，それでも羅刹女の住処の名が「師子国」という設定になっている。おそらく，このテキストは「スリランカ建国譚」を前提とした中で記されたのではないかと思われる。ちなみに，岩本（1978）は，この物語を「古くからあったセイロン島開国綺譚に観音霊験譚を合わせたものである」と位置付けている[150]。

話を戻そう。右にあげたとおり，「寶王經」における雲馬王の位置づけは，観世音菩薩の前身である。つまり，このテキストの中で，観世音信仰と雲馬――すなわち，商人たちを危機から救い出す空を飛ぶ馬――のモチーフが統合されていることが確認できるし，この点は注目してよいだろう[151]。

ところで，「寶王經」の翻訳は10世紀（宋代）であり，『今昔物語集』の成立よりは早い。しかしながら，日本では『法華経』ほどの人気を博すことはなかったし，ましてやその中の「雲馬王譚」だけが一人歩きし

149)　馬王がそう言ったので，まずわたくしが先に馬王に乗った。そうすると，続いて500人の商人が一緒に馬の上によじ上った。そのとき，師子国にいた羅刹女たちは，突然商人たちが去ったと聞きつけて，苦しみの声をあげた。すぐに走り出て，追いかけた。悲しみに泣き声をあげながら，後について呼びかけた。すると，商人たちはその声を聞いて，振り返って［彼女等の方を］見，うかつにもあっというまに落ちてしまった。その身が海に落ちると，羅刹女はその肉をとり，食べてしまった。そうして，わたくしただひとりが南贍部洲についたのだ。（馬王如是説已。是時我乃先乘馬王。然後五百商人倶昇馬上。時彼師子國中諸羅刹女。忽聞諸商人去。口出苦切之聲。即駛奔馳趁逐。悲啼號哭叫呼隨後。時諸商人聞是聲已。迴首顧眄不覺閃墜。其身入於水中。於是諸羅刹女取彼身肉而噉食之。是時唯我一人往於南贍部洲。［T. 1050 XX 57b12-18］。

150)　岩本裕，『佛教説話の伝承と信仰』，東京：開明書院，1978年，p. 134。

151)　その他，「寶王經」やそのサンスクリット原典にあたる *Kāraṇḍavyūha* などに見られる「雲馬王譚」をめぐる問題は，岩本裕（1978）に詳しい。

［図５］
『法華経絵巻』「普門品」より，羅刹の難からの救済を説く絵図。上方には観世音菩薩，海中には人々を乗せて海を渡る白馬が描かれる。岸辺には美女の姿，すこし離れたところに描かれる羅刹像は，その正体を現したところであろう。
（メトロポリタン美術館蔵　1257年（鎌倉時代）の作）
Ⓒ The Metropolitan Museum of Art. Image source: Art Resource, NY

て『今昔物語集』に取り込まれると考えるのも，いかがなものだろう。むろん，全く可能性がない訳ではない。『今昔物語集』を編纂したのはおそらく仏教の専門家たる僧侶なのだし，そういった仏教の専門家の中に，この話が全く知られなかったとも考えにくい。

しかしここであえて，さらに別の可能性を考えてみたい。Meech-Pekarik（1981/1982）の論考にもあるとおり，鎌倉時代（13世紀）に作成された『法華経』の絵巻物の中には，観世音の助けにより，白馬に掴まって羅刹女の難を逃れる人々の姿を描いたものがある[152)]［図５参照］。考えてみれば，奇妙なことではあるのだ。前にも述べたとおり，この絵画の題材となっている「普門品」の記述には，白馬も羅刹女も出て来ないのだから。

あくまで仮説という前提だが，このようには考えられないだろうか。まず，空を飛び，人の言葉をあやつり，羅刹女の難から旅の商人を救ったという不思議な馬の物語が，『ジャータカ』をはじめ，律文献や阿含文献，さらに『ジャータカ』以外の仏伝テキスト等，様々な経典の中に散見されることは，前出の「雲馬王譚リスト」で示したとおりである。それらの中で，「雲馬」，「羅刹女」，「難船した旅の商人たち（男たち）」という3つの要素に加えて，観世音信仰という新たな概念を併せもつテキストが，「寶王經」を含む『カーランダ・ヴューハ』のグループである。つまり，数ある「雲馬譚」の中でも，「空を飛ぶ馬・羅刹女・旅の商人・観世音の救済」の4つの要素をもつ物語群というわけだ。それがいかなる経緯かはわからないが，そこに描かれる雲馬のモチーフが，「普門品」に説かれる観世音の「難船と羅刹からの救済」という概念と融合し，このような絵巻物の意匠に取り入れられたのではないか。

ただし，重ねていうが，「普門品」自体に「雲馬譚」はない。また，そこに説かれているのは，「羅刹の難」であって，「羅刹女の難」ではない。観世音が白馬の姿を取る，あるいは，白馬を遣わすといったような記述もない。観世音菩薩の絶大な救済力のひとつとして，不幸にも難船の憂き目にあい，そのうえ羅刹に襲われるという，いわば絶体絶命の危機に遭遇しようとも，ひとりでも観世音の名を唱える人がいたなら，その場にいる全員が救われる，ということが簡潔に述べられているだけだ。

この疑問にたいして，まずは Meech-Pekarik（1981/1982）による興味深い指摘をあげよう ── 前述した鎌倉時代のものに加え，12世紀後半から

152)　cf. Meech-Pekarik（1981/1982）。また，Metropolitan Musium of Art のサイトでも，この絵巻物の写真を目にする事ができる。http://www.metmuseum.org/collections/search-the-collections/60012552?img=4

13世紀前半にかけて日本で作成された数本の「普門品」の絵巻物にだけ，人を喰らう美しい羅刹女が描かれている，というのだ[153)]。その他の「普門品」に関する絵画作品は，唐代に描かれた敦煌の壁画を含め，羅刹女ではなく，ただの恐ろしげな羅刹を描いているという。

このことは，日本においては12から13世紀という時代に，「普門品」に説かれる「羅刹の難」のイメージが，「雲馬譚」に描かれた「羅刹女の難」に変容していたことを示しているのではないだろうか。ただし，絵画に描かれた時点で，その概念はすでに一般的なものであったと考えられる。つまり，13世紀中頃までには，少なくとも『法華経』を信奉する人々の間で，馬，それも「白い馬」が観世音の化身のひとつと考えられていた可能性があるのだ。

ならば，観世音の救済力が白い馬の姿で表現されるという，このイメージの変容はどこからもたらされたのだろうか。こういった図像が生まれる背景には，「難船した男たち」，「白馬」，「羅刹女」，「観世音菩薩」の４者を関連づけ，なおかつ「普門品」とは別の題材の存在が想定されねばならない。

その有力な候補として，筆者は，やはり「寶王經」をあげておきたい。ただ，このテキストそのものは，日本ではさほど人気を獲得していないように思われる。観音信仰自体は日本でも盛んであったし，今日でも多くの信仰を集めているといってよい。それにも関わらず，このテキストがさして一般的なものとして広まらなかったのは，これがいわゆる「密教経典」であったことが原因かもしれない。

周知のとおり，密教経典に触れる事のできる人物は限られている。今日でこそ，豊富な出版物のおかげで出家者に限らずとも目にすることができるが，本来はそれなりの専門家でなければ目にすることのできな

153)　Meech-Pekarik（1981/1982），pp. 116-117.

かった類のテキストである。その一方，平安や鎌倉時代，日本では『法華經』や観世音信仰が在家者の間でも非常に流行っていた。そういった時流のなかで，奉仕精神にあふれた僧侶が，「寶王經」そのものの一般公開は憚られるとしても，その中に記された観世音の化身である天翔る馬の物語を，観世音を敬愛してやまない善男善女に伝えたくなったとしても，何ら不思議はないのではないか。「寶王經」そのものを持ち出す代わりに，あの「普門品」の一節に結びつけて，あるいは，それに関する具体的な説明として，雲馬による救済譚を観世音の具体的な救済の姿として人々に伝えた，とは考えられまいか。ならば，もとより『法華経』信仰の影響がみられる『今昔物語集』に収められている「僧迦羅」の物語が，当時すでに「観音力の象徴としての白馬」のイメージと融合していた「普門品」の影響を受けていたとしても不思議ではない。

ここまで述べて来たのは，もちろん，いまだ推測の域をでるものではない。ただ，『今昔物語集』にある「僧迦羅」物語の背景を考えてみると，やはり単独のテキストで説明を付けることはできない。そして，直接的な関与とまでは断言できないものの，関連性だけは想定しえる文献は複数存在している。そういった現状を踏まえてここまで考察を重ねて来たのだが，やはり明確な関係性を断定することはまだ困難な状況といえそうだ。ただ，現段階で想定しえるテキストの相関関係をいうなら，「僧迦羅」は「西域記」にみられる「スリランカ建国譚」を基に，『法華経』，とりわけ「普門品」に説かれる観世音力の象徴である白馬のイメージを取り込んで描かれた物語と考えられるのではないだろうか。

6 まとめ――テキストの相関関係――

最後に，ここまで論じてきた内容を総括し，「僧迦羅」物語の背景に想定しえるテキストの相関関係を図示しておこう。

雲馬王譚原型【A】
馬王救済譚＋本生譚
→
「毘奈耶」と「西域記」の共通原典
【A】＋【B】
馬王救済譚＋本生譚＋建国譚
→
「西域記」【A】＋【B】
馬王救済譚＋本生譚＋建国譚
→
「僧迦羅」【A】＋【B】
馬王救済譚＋建国譚＋観世音霊験譚

（雲馬王譚原型から）↘
「寶王經」【A】
本生譚＋馬王救済譚＋観世音霊験譚
→
「普門品」
（観世音の霊験について説く。本来は馬王や建国譚、本生譚のいずれの要素もない。）
↑（「普門品」から「僧迦羅」へ）

「僧迦羅」が，遠くさかのぼれば上座部仏教に伝わる「雲馬(ヴァラーハッサ)ジャータカ」まで連なる説話であることは，従来から指摘されてきた。だが，その直接的な「出典」つまり，どういった仏教説話テキストから抽出された説話なのかについては，詳らかにはされていない。ただ，「源泉」という位置づけで，影響を与えた可能性の高いものとして「西域記」や「普門品」の一節など，いくつかのテキストがあげられていた。

本書ではこれら従来の指摘にもとづいて，さらに詳しくテキストの相関関係を模索しようと試みた。『今昔物語集』の編者に素材を提供したのはおそらく漢語テキストであるという点，それから，「僧迦羅」の物語自体は「雲馬王救済譚」【A】と「スリランカ建国譚」【B】から成る点，それらを踏まえた上で，先行研究で指摘されている「関係話」に着目し，再考察をすすめてきた。

結論としては，まず，「西域記」が「僧迦羅」に影響を与えた点は，肯定できるように思う。【A】【B】からなる物語の構成，主人公とその王国の名前，羅刹女との関係性など，すべて大筋で一致する。また，「歴史物語」としての性格も共通する要素である。さらに，本章では「西域記」の背景に「毘奈耶」との共通話が想定できることも指摘しておいた。

一方，観世音信仰が取り込まれた要因としては，「普門品」の存在が指摘されていた。「寶王經」も関連話のひとつとされていたが，『法華経絵巻』の存在もあってか，どちらかというと「普門品」のほうをより関係の深いテキストとみなす傾向があったように思う。

『今昔物語集』そのものに『法華経』信仰の影響が見られるのだから，その一部である「普門品」との関連性は否定できない。しかし，こと「僧迦羅」に関しては，これだけでは釈然としない点があった。馬のよる救済や羅刹女といった「雲馬譚」に共通している要素が「普門品」には見いだせなかったためである。そこで，それを補いうる内容をもつテキストとして，本章では「寶王經」をあげた。このテキストには，観世音の前身として，「雲馬譚」が語られている。商人たちを助け出す白馬も，商人らを喰らおうとした羅刹女たちも登場する。そしてさらに，ある一定の時期に描かれた『法華経絵巻』の絵画より，この物語のモチーフが「普門品」にある羅刹からの救済を説く一説と融合していた可能性が考えられ，そのイメージが「僧迦羅」の作成の背景にあったのではないかとの見解を打ち出すに至った。

もっとも，馬の救済が「普門品」のくだりに結びつけられた要因を，「寶王經」に限定するのは早急かもしれない。今後とも，「また別のテキスト」の可能性は考えてゆくべきだろう。しかしながら，12から13世紀の日本において，「普門品」にある「羅刹の難」が，「羅刹女の難」と解釈され，また，それに対する観世音の救済として海を渡る白馬のイメージが重ねられた可能性は高いように思われる。

むろん，ここに提示した物語の変遷をもたらしたテキストの相関関係は，ひとつの可能性にすぎない。それでも，インドで生まれた仏教説話が日本に至り，仏教典籍ではなく，「昔話」として記されるまでに変貌を遂げた過程を示す，ひとつのモデルを構築できたのではないかと思う。

*

そもそも，物語は，時と地域を移るうちに，変化していくのが自然なのだろう。たとえそれがテキストとして文字に記され，ひとつの形として定められたとしても，やがてまた他の物語と結びつき，少しずつ「別もの」へと変貌していくのだ。特に，仏教テキストに残された物語は，つとめて忠実に翻訳されてきた反面，その時々の編者あるいは翻訳者の知識や意志を反映して，時として大胆な変貌を遂げて現在に至るものでもあろう。

それは，テキストの翻訳や編纂に従事してきた各地の僧侶たちが，「仏の教え」を，より分かりやすい形で一般の信徒へ発信しようと模索してきた痕跡ともいえる。より熱心で，有能な執筆者であればなおの事，より伝わりやすいように，より興味を引くようにと工夫していたに違いない。また，高度な仏教哲学にはそれほど親しみのない在家者に伝えるには，哲学的な議論や教説よりも，仏教の教えを内包した物語のほうが効果的な媒体であっただろう。それが特に「面白い物語」であれば，より多くの人々の心を惹きつけることができたはずだ。

こうしてメッセージ性あふれる仏教の物語は，大切な知的財産として引き継がれて行く一方，僧侶たちの「作品」として改作され，洗練されてゆき，さまざまな変貌を遂げながらユーラシアに広まっていったのだ。

そして，その中のいくつかは，東端の島国に至って経典の中から飛び出し，「昔話」としてまた新たな変貌をとげた。今では，「古典文学」としてごく普通に書棚に並んでいるし，興味があれば，誰でも目にする事ができる。もっとも，その物語の源がはるかインドで生まれた仏教にあったことなど，さして意識されないことのほうが多い。

たしかに，日々親しんでいる文化の来し方など，慣れ親しんでいるだけに，かえって意識しないものである。しかし，意識しないままでは，その文化を充分に理解できないままでもあろう。せめて，機会あるごとにその由来を問い直すことがあっても良いのではないだろうか。

自らの生活圏にある文化を問い直し，根底にあるものを理解することは，自らの文化の価値の再確認にもつながる。価値を理解し，次世代に伝えることは，今に生きる我々の大切な役割のひとつであるはずだ。そして，この拙い論考が，その一助にでもなるなら，望外の喜びである。

付──梵・蔵・蒙語対応語彙一覧

Lalitavistara モンゴル語訳中で，古ウイグル語の影響がみられる語彙について補足しておく。語彙の出典箇所は本書で取り扱った範囲とし，また，本書で取り上げた音韻変化がよく現れている語彙を選出している(つまり，例外などについては特に言及していない)。『仏の12の行い』文中にも対応する語が確認できれば，それもあげておく。

表示形式としては，まず「神格名」，「地名」など，カテゴリーごとに分け，左からサンスクリット語，ついでそれに対応するチベット語，モンゴル語の順となっている。また，縦のならびについては，サンスクリット語の語頭の文字を基準に，アルファベット順となっている。なお，［　］内は，各テキストの出典個所を示している。

モンゴル語の横に（　）内で示されている語彙は，原典テキストのサンスクリット語とは異なるが，おそらく，モンゴル語訳者が訳出する際に想定したと思われるサンスクリット語語彙である。

ここでは特に，本文中で扱った音韻変化の実例となる語に限って示してあるが，本文中に例示してものについては，省略した。

略号については，

BA … *Burqan-u arban qoyar ǰokiyangγui*（『仏の12の行い』）

H …外薗幸一，『ラリタヴィスタラの研究』（上），東京：大東出版社，1994年.

Mvpt … 『翻訳名義大集』(Yumiko Ishihama, Yoichi Fukuda, *A New critical edition of the Mahāvyutpatti : Sanskrit-Tibetan-Mongolian dictionary of Buddhist terminology*（新訂翻訳名義大集），東京：東洋文庫，1989年.

特に略号などのない資料については，

サンスクリット語資料 … *Lalitavistara*（Lefmann によるエディション）

チベット語資料 … *Lalitavistara* チベット語訳（北京版）

モンゴル語資料 … *Lalitavistara* モンゴル語訳（Lokesh Chandra（ed.），Mongolian kanǰur, vol. 96（Śatapiṭaka series, vol. 196），Delhi, 1979.）

また，古ウイグル語やソグド語，トカラ語などの関係性については，

庄垣内 正弘，「'古代ウイグル語'におけるインド来源借用語彙の導入経路について」，『アジア アフリカ 言語文化研究』No.15（1978），p. 79–110.

————，『古代ウイグル文　阿毘達磨倶舎論実義疏の研究』，京都，1993年.

Shōgaito Masahiro, "On Uighur elements in Buddhist Mongolian Texts", *The Memoirs of the Toyo Bunko* 49（1991），pp. 27–49.

————，"Uighur influence on Indian words in Mongolian Buddhist texts," *Indien und Zentralasien*, Veröffentlichungen der Societas Uralo-Altaica, Band 61（2003），Wiesbaden, pp. 119–143.

を参考にした。

ちなみに，モンゴル語仏典において，古ウイグル語の影響を示す語形は，本書で取り上げた形以外にも存在するが，紙面の都合により割愛した。

1．skt. -*a* ; mong. -i（有生物）

【神格】

apratihatanetra［277.14］/ mig thogs pa med［156b1］/ abratihatiki［199b29-30］（アプラティハタネートラ　菩提道場の16天子の一）

avabhāsakara［277.13］/ snang byed［156b1］/ rozani（< *rocana*）［199b28］（アヴァバーサカラ　菩提道場の16天子の一）

kumāra［249.15］/ gzhon nu［142a6--7］/ kumari［180a23］（クマーラ神）

mahānārayaṇa［229.13］/ sred med kyi bu chen po［131b8］/ ma ha narayani［164a4-5］（マハー・ナーラーヤナ）

maheśvara［273.4］/ dbang phyug chen po［153b7］/ mahi šuvari［196a28］（大自在天）/ Mvpt; yeke erketü［3115］

mahiṃdhara［277. 13］/ sa 'dzin［156b1］/ bumidari（< *bhūmidhara*）［199b28］（マヒンダラ　菩提道場の16天子の一）

padmaprabha［277. 15］/ pad-ma'i 'od［156b1--2］/ badm-a birabi［199b31］（パドマプラバ　菩提道場の16天子の一）

rahu［241.3］/ sgra gcan［137a5］/ raquli（< *rāhula*）［173a25］（ラーフ）

saṃcodaka［204.7］/ yang dag skul po［118b3］/ sačudani（< *saṃcodana*）［148b3］（サンチョーダカ　浄居天天子の一）

siddhapātra［277. 14］/ 'gro grub［156b1］/ gamasidi（< *gamasiddha*）［199b29］（シッダプラープタ　菩提道場の16天子の一）

sumana［278.10］/ yid bzang［157a2］/ sumani［200b10］（スマナ　菩提樹の４女神の一）

supratisthita［277. 13］/ rab brtan［156b1］/ biratista（< *pratistha*）［199b28］（スプラティスティタ　菩提道場の16天子の一）

vamacitri（*vemacitra*）［241. 3］/ thags bzang ris［137a5］/ vimačitari［173a26］（ヴェーマチトラ）

vimala［277.13-14］/ dri ma med［156b1］/ amali（< *amara*）［199b29］（ヴィマラ　菩提道場の16天子の一）

vimalaprabha［267.9］/ 'od dri ma med pa［150b6］/ vimali brabi［192b5］（ヴィマラプラバ　浄居天天子の一）

【動物】

kuṇāla［286.13］/ ku na la［161a1］/ kunali［205b22］（クナーラ鳥）/ Mvpt; kunala sibaγun［4879］

【龍・夜叉など】

airāvaṇa［203.21］/ sa srung gi bu［118a8］/ nairadadani［148a24］（アイラーヴァナ龍王）/ Mvpt; γaǰar sakiγči-yin kübegün［3352］

asura［221.9］/ lha min［127b7］/ asuris[1)]［160b5］（アスラ）/ Mvpt; asuri tngri busu, asuri［3218］

bhūta［249. 17］/ 'byung po［142a8］/ bhuti［180a26］（精霊）/ Mvpt; buti［4758］

---

1)　語末 -s は，複数形を表す。

gandharva［204.13］/ dri za［118b5］/ gandari［148b14］（ガンダルヴァ）/ BA; gandarvi［2b6］/ Mvpt; gandaris ünür idesitü, gandari［3217］

garuḍa［159. 19–; 207. 20］/ nam mkha' lding［95a5–; 120b5］/ garudi［119b13; 151a13］（ガルダ）/ Mvpt; garudi nisuγči, oγtarγui-dur qaliγči［3220］

kālika［281.10］/ nag po［158b3］/ kaliki［202b11］（カーリカ龍王）/ BA; kaliki［48b8］

kinnara［221.14］/ mi 'am ci［128a1］/ kinari[2)]［160b5］（キンナラ）/ BA; kinari［3b2］/ Mvpt; kinari kümün buyu yaγun, kümün ba yaγun［3221］

kumbhāṇḍa［217. 21］/ grul bum［126a2］/ kumbandi［158a22］（クンバーンダ）/ Mvpt; kumbandi qomq-a niγučatu, kumbandi bolai［3223］

mahoraga［159.19］/ lto 'phye chen po［95a5］/ mahoragi［119b13］（マホーラガ）/ Mvpt; mahowaraga unǰiliγ kebelitü, makoragi［3222］

nanda［204.10］/ dga' po［118b4］/ nandi［148b8］（ナンダ龍王）[3)]

pāñcika［202.9］/ lnga rtsen［117b7］/ bančaki［147b6］（パーンチカ夜叉）/ BA; bančaki［15a16］/ Mvpt; bāntsik-a tabubar naγaduγči, tabun yeke［3377］

piśāca［249.17］/ sha za［142a8］/ bisači［180a27］（ピシャーチャ）/ Mvpt; miq-a idesiten, miq-a idegči［4757］

upananda［204.10］/ nye dga' bo［118b4］/ ubanandi［148b8］（ウパナン

---

2) uig. kinari. 異型; uig. kint（i）r（< sogd. kynntr）［庄垣内（1978）, p. 101 footnote37］.

3) Mvpt では，「古師の名称」として，*nanda* / dga' po / nandi［3499］との規定が見られた。また，「六群比丘の名称」として，*nanda* / dga' po / nandi, bayasqulang-tu［9402］が確認された。

ダ龍王）[4)]

varuṇa［204.9］/ chu lha［118b4］/ viruni［148b5］（ヴァルナ龍王）

【仏・菩薩】

ratnagarbha［294. 20］/ rin po che'i snying po［165b6］/ ratna garbi［211b10］（ラトナガルバ　下方の仏国土の菩薩）/ BA; ratna garbi［52a18］/ Mvpt; erdeni-yin ǰirüken［665］

【人】

ārāḍa kālāpa［238. 14］/ sgyu rtsal shes kyi bu ring 'phur［135b6］/ aradakalami［171a30］（アーラーダ・カーラーマ）/ BA; aradakalmi［31a24］

asita［253. 1］/ drang srong nag po［144a8］/ kaliki arsi（< *kālika r̥ṣi*）[5)]［182b22］（アシタ仙）

bāla［264. 21］/ stobs ldan ma［149b5］/ bali［191a7］（愚者）/ Mvpt; nilq-a［4061］

bimbisāra［241. 9］/ gzugs can snying po［137a3］/ bimbasari［173a17］; bimbisiri［175a17］（ビンビサーラ王）/ BA; bimbasari［32b13］

bhadrika［229.12］/ bzang po［131b8］/ badiriki［166a3］（バドリカ）

mahānāma［229.12--13］/ ming chen［131b1］/ ma ha mani[6)]［166a4］（マ

---

4) Mvpt では，「六群比丘の名称」において，*upananda* / nye dga' bo / ubanandi, čiqula bayasqulang-tu［9403］との規定が見られた。

5) nag po（黒）から *kālika* を想定したものと思われる。

6) mani は，おそらく nami の誤記と見做すのが，妥当であろう。

ハーナーマ）/ BA; maq-a nami［30b7］/ Mvpt; ner-e yeketü, yeke neretü［1046］

pañcaka bhadravargīya［245. 16］/ lnga sde bzang po［139b15］/ bančaki quvaraγ-ud[7)]［176b15］（五比丘）

rudraka rāmapurta［243.15］/ rangs byed kyi bu lhag spyod［138b1］/ rami-yin kübegün uridaki[8)]［175a20］（ウドラカ・ラーマプトラ）

sārthavāha［224. 20］/ ded dpon［129b3--2］/ sartavaki［162b25］（隊商長）/ BA; sartavaki［55a6］/ Mvpt; sartavaki, uduriduγči［634］

siddha［222.15］/ grub［128b2］/ siddhi-tan[9)]［161a30］（成就者）

siddhārtha［226. 17］/ don grub［130b2］/ artha siddhi[10)]［164a10］（シッダールタ）/ BA; sarva arta sidi［25b25］/ Mvpt; tusa bütügegčdi, tusa bütügegsen［49］

śuddhodana［211.3］/ zas gtsang ma［122b1］/ sudadani［153b4］（シュッドーダナ王）/ BA; sudadani［7a13］/ Mvpt; ariγun idegetü［3596］

---

7)　quvaraγ-ud（比丘たち）は，サンスクリット語，チベット語のいずれのテキストの記述にもみられない。モンゴル語訳に携わった人物の解釈が入っている可能性が高い。サンスクリット語の借用の形が見られるのは，*pañcaka* / lnga に対応する部分のみとなっている。

8)　rami（< *rāma*），uridaki（< *rudraka*）というサンスクリット借用語の形と，kübegün（息子）というモンゴル語訳が混在している。

9)　-tan `An honorific used after titles in addressing or referring to persons of rank.'（Ferdinand D. Lessing, *Mongolian-English dictionary*, Berkeley; Los Angeles: University of California Press, 1960, p. 776.）.

10)　チベット語テキストの語順に従った訳とみられる。

2. skt -*ā* ; mong. -i（有生物）

【神格】

veṇu［278.10］/ 'od ma［157a2］/ birabi（< *prabhā*）［200b10］（ヴェーヌ 菩提樹の 4 女神の一）/ BA; vinu（< *veṇu*）［48a6］

【龍，夜叉など】

suvarṇaprabhāsā［284.11］/ gser 'od［160a1］/ suvarn-a brabi［204b9］（スヴァルナ・プラバーサー。カーリカ龍王の正妻）/ BA; suvarna birabi［48b25］

【人】

atimuktakamalā［265. 5］/ a-ti-mug-ta-ka'i phreng ba can［149b5］/ ati muktika malii［191a8］（アティムクタカマラー。村の娘）

uttarā［268.7］/ gong ma［151a6］/ utaraki［193a14］（ウッタラー。スジャーターの召使）/ BA; utari［43b15］

3. skt.-*a*～-*ā* ; mong. -#（無生物）

【自然界のもの】

māndara［253. 21］/ man-da-ra［144b2］/ mandarik（< *mandāraka*）［183a21］（マンダラ華）/ BA; mandarik［37b28］

cakravāḍa［277.9］/ khor yug［156a7］/ zakrabad[11]［199b20］（鐵圍山）/ Mvpt; tsakra bada［4135］

---

11) uig. čakïravar < *cakravāḍa*［庄垣内（1993），p. 261］.

mahācakravāḍa［277. 9］/ khor yug chen po［156a7］/ ma h-a zakrabad［199b21］（大鐵圍山）/ Mvpt; yeke tsakra bada, yeke küriyen［4136］

pāṇḍava［239.20］/ skya bo［136b1］/ bradab[12)]［172a26］（パーンダヴァ山）/ BA; bandab［32a8］

【天界・天体】

puṣya［210.1］/ rgyal［122a2］/ bus[13)]［152b28］（星宿の名。昴）/ BA; bus［21b1］/ Mvpt; bus adaγ ilaγuγsan, buya［3190］

suyāma［215.12］/ 'thab bral rab［124b8］/ sumun［156b20］（スヤーマ天）[14)] / Mvpt; tngri-yin kübegün bayilduγan-ača masida anggiǰiraγsan, masi bayilduγan-ača qaγačaγsan tngri-yin kübegün［3135］

trāyatriṃśa［203.8］/ sum cu rtsa gsum［118a4］/ istirayastiris（< *trayastriṃśa*）[15)]［148a4］（三十三天）/ Mvpt; γučin γurban［3076］

tuṣita［219.8］/ dga' ldan［126b7］/ tusid［159a14］（兜率天）/ BA; tusid［6b7］/ Mvpt; tüsid, tegüs bayasqulang-tu［3078］

【武器・宝石】

vajra［202.17］/ rdo rje［118a1］/ vačir［147b18］（ヴァジュラ）/ BA; včir［20b23］/ Mvpt; vačir［5931］

---

12)　*pāṇḍava* に基づく綴りとみられるが，bra- の部分の音韻変化は説明がつかない。ただしモンゴル語版『ラリタヴィスタラ』ではこの語形で統一されているため，単なる誤記とはみなしがたい。

13)　uig. puś, toch. A puṣye. 古ウイグル語の語形が如何なる経路を経たものかが不明な語のひとつである。［cf. 庄垣内（1978），p. 104］.

14)　21章の中では，*suyāma* / rab 'thab bral / sumani（スヤーマ天）

15)　*trāyatriṃśa* > toch. strāyastriṅś > uig. strayastriś. mong. istirayastiris は，語頭母音添加によって出来た。［庄垣内（1978），p. 102］.

hāra［231.2］/ se mo do［132a8］/ muktiqar［166b20］（< *muktāhāra*）（真珠の首飾り）

【その他】

abhinidarṣita［253. 1］/ lung bstan pa［144a5］/ vivanggirid（< *vyākṛta*）［182b22］（予言，授記）[16]

adhiṣṭhāna［237.18］/ byin gyi rlabs［135b1］/ adistid［171a5］（威神力）/ BA; adisteid［2b11］

amṛta［268.5］/ bdud rtsi［151a6］/ rasiyan（< *rasāyana*）［193a10］（アムリタ）/ Mvpt; rasiyan［5755］

aṭavī［222.19］/ dgon pa［128b3］/ araninta[17]［161b7］（荒野）

avavāda［244. 15］/ gdams ngag［139a4］/ ubadis（< *upadeśa*）［176a1］（教え）/ BA; ubadis［34a12］

bhava［242.18］/ srid［137b1］/ sansar（< *saṃsāra*）［174b17］（存在，輪廻）[18]/ BA; sansar［4a8］

brahmakāyika［266. 8—9］/ tshangs ris［150a7］/ braqamakayik［191b24］（ブラフマカーイカ　初禅地の一）/ Mvpt; esru-a-yin iǰaγur, esru-a iǰaγur［3082］

brahmapurohita［283. 13］/ tshangs pa'i mdun na 'don［159b2］/ braqm-a burikid［204a3］（ブラフマプローヒタ　初禅地の一）/ Mvpt; esru-a-yin

16) cf. Mvpt; *vyākaraṇa* / lung bstan pa 'i mdo / esi üǰügülkü-yin ayimaγ, uduriγulsun-i üǰügülkü-yin ayimaγ［1274］.

17) *araṇya* に基づく誤記か。

18) Mvpt; *saṃbhāvanā* / srid pa / bolqui, sansar［7254］.

sidar, esru-a emün-e γarγaγči [3084]

dhātu [284.5] / khams [159b7] / maqabud [204a28]（< *mahābūta*）（元素）

dhyāna [219.11] / bsam gtan [126b8] / diyan [159a21]（禅）/ BA; diyan [4a16]

hotra [261.12] / sbyin sreg [148a1] / maṇḍal（< *maṇḍala*）[188b2]（供儀）[19]/ BA; mandal [36a1]

jambudvīpa [248.14] / dzam-bu'i gling [141a8] / zambudvib [179a12]（閻浮洲）/ Mvpt; ǰambu tib, ǰambutib [3047]

jambudvīpa [257.22] / 'dzam bu'i gling [146b3] / zambutib [186a24]（閻浮洲）

kalpa [207.15] / bskal pa [120b2] / galab [151a2]（劫）/ BA; galb [3a20] / Mvpt; kalab [8239]

krośa [236.7] / rgyang grags [134b3] / korus [169b23]（クローシャ）/ BA; korus [46a3]

kṣaṇa [212.15—16] / skad cig [123b2] / nigen kšan [154b27]（刹那）/ BA; kšan [17a12] / Mvpt; nigen kšan [8172]

lakṣaṇa [240.13] / mtshan [136b8] / lakšan [172b31]; laγšan [153b6]（相）/ BA; lakšan [54b23]

maṇḍala [222.2] / dkyil 'khor [128a5] / mandal [161a2]（曼荼羅）/ BA;

---

19) cf. Mvpt; *homa* / sbyin sreg / γal mandal, öglige-yin tülesi [4231].

mandal［36a1］/ Mvpt; qotun mandal, mandal［4225］

maṅgala［228. 9］/ bkra shis［131a7］/ manggal［165a19］（吉祥）/ BA; manggal［7b10］/ ölǰei-tei, ölǰei, iru-a［2750］

mūrdhan［276.7］/ spyi gtsug［155b5］/ usnir（< *uṣṇīṣa*）[20]［198b31］（髻）/ BA; usnir［28b22］

nayuta［210. 19］/ khrag khrig［122a7］/ nayut［153a25］（ナユタ）/ Mvpt; tüg tümen, bragkhrig［7659］

nirvāṇa［245.13］/ mya ngan las 'das pa［139b4］/ nirvan［176b8］（涅槃）/ BA; nirvan［34a22］/ Mvpt; bari nirvan, γasalang-ača nögčigsen［1732］

nirvṛta［291.14］/ mya ngan 'das［163b8］/ nirvan（< *nirvāṇa*）［209b2］（涅槃）/ BA; nirvan［34a22］

pāramitā［274.21］/ pha rol tu phyin pa［154b8］/ baramid［197b18］（波羅蜜）/ BA; baramid［19a25］/ Mvpt; arban baramid-un ner-e anu［915］

pātra［240. 1］/ lhung bzed［136b2］/ badir［172b2］（鉢）/ BA; badir［10a17］/ Mvpt; badir［8887］

piṇḍa［240.2］/ bsod snyoms［136b4］/ binvad［172b12］（< *piṇḍapāta*）[21]（団子）/ BA; binvad［10a25］/ Mvpt; binwad, tegsi buyan-tu［1134］

puṇya［H 690.3］/ bsod nams［114b4］/ buyan［143b6］（徳）/ BA; buyan［2b22］[22]

---

20) skt. *uṣṇīṣa* > toch. uṣṇīr > uig. uśnir［庄垣内（1978）, p. 100］.

21) skt. *piṇḍa* > toch. pinwāt > uig. pinvat［庄垣内（1978）, p. 102］.

22) ソグド語から古ウイグル語に導入されたことが確認されているもののひとつ.（sogd. pwny'an > uig. buyan［Shōgaito（1991）, p. 37］）.

saṃsāra［226. 21］/ 'khor ba［130b4］/ sansar［164a20］（輪 廻）/ BA; sansar［4a8］/ Mvpt; orčilnag, orčilang-i barilduγulqui ba［2174］

saṃyama［287.5］/ sdom［161b1］/ sanvar（< *saṃvara*）［206a26］（戒）/ BA; sanvar［17a21］/ Mvpt; sayin sanvar-tu, sayitur sakiqui［1620］

vana［215.4］/ nags tshal［124b6］/ aranyatan（< *ārāṇyāyatana*）［156b9］（密林）/ Mvpt; oi, siγui, oi siγui, sečeglig［2996］

vyomaka［293.14］/ mkha' rten［165a1］/ biyumarak［210b16］（装飾品の一種）/ BA; bayomarak［52a7］/ Mvpt; tüsig tayaγ, oγtarγui sitüküi［6029］

4. skt. *-i*～*-ī*; mong. -i（有生物・無生物の対立なし）

【神格】

kātyāyanī［249.15-16］/ kā-tyā-ya'i bu［142a7］/ katayani［180a23］（カーティヤーヤニー）

prajāpati［277.12］/ skye dgu'i bdag po［156a8］/ pirazapati［199b27］（プラジャーパティ　菩提道場の16天子の一）

śāntamati［203.11］/ zhi ba'i blo gros［118a5］/ santimati［148a7］（浄居天天子）

śacī［236. 17］/ bde stsogs（btsogs ?）［134b7］/ sači［170a13］（シャチー）/ Mvpt; ǰirγalang čuγlaqui, ǰirγalang-i quiryaγči［3171］

śāntamati［217.5］/ shi ba'i blo gros［125b4］/ santimati［157b22］（シャーンタマティ　浄居天天子の一）/ BA; šanta-mati［15b18］

vyūhamati［203.16］/ bkod pa'i blo gros［118a6］/ vyuq-a mati［148a15］（ヴューハマティ　浄居天天子の一）/ BA; viyuq-a mati［15b25］

【龍・夜叉など】

kinnarī / mi'am ci［124b2］/ em-e kinnari［156a20］（キンナラ女）

【仏・菩薩】

kanaka[23)]［281.14］/ gser[24)]［159b4］/ kanakamuni［202b18］（カナカムニ過去仏の一）/ BA; kanakamuni［48b13］/ Mvpt; altan-i čidaγči, altan čidaγči［92］

śākyamuni［291.4］/ shākya thub pa［163b3］/ šakyamuni［209a13］（シャカムニ）/ Mvpt; sakyačeliγ-ud-un čidaγči, čidaγči šaky-a［94］

【人】

gautamī［228.4］/ gau ta mī［131a6］/ gautam-i［165a11］（ゴータミー）/ BA; gotami［14b17］

kumbhakārī［265.5］/ rdza byed ma［149b5］/ kumbakari［191a9］（クンバカーリー。村の娘）

raivatabrahmārṣi［238.9］/ bram ze'i drang srong nam gru［135b5］/ biraman-u raivati arusi［171a22--23］（ライヴァタ梵仙）

ṛṣi［231. 13］/ drang srong［132b3］/ arsi［167a5］（仙 人）/ BA; arsi［4a14］

---

23)　*kanakamuni* の略とみられる.

24)　gser thub の略とみられる.

sārathi［H 686.5］/ kha lo sgyur ba［139b7］/ sarati［142b12］（御者）/ BA; sarati［7b24］

sundarī［265.5］/ mdzes ma［149b5］/ sundari［191a8］（スンダリー。村の娘）

【植物】

kadalī［212.15］/ chu shing［123b2］/ kadali［154b24］（カダリー樹）

【天界】

kṣema［212.1］/ bde ba［123a3］/ sukavati（< *sukhavatī*）［154a20］（安楽（極楽））

nirmāṇarati［266.7］/ 'phrul dga' ba［150a6］/ nirmanarati［191b22］（ニルマーナラティ）/ Mvpt; tngri-yin kübegün sayitur qubil-un bayasqaγči, tngri-yin kübegün masi qubilγan-dur bayasuγči［3132］

nirmita［219.8］/ 'phrul dga'［126b7］/ nirmanarati（< *nirmāṇarati*）

【地名】

vaiśālī［238. 12］/ yangs pa can［135b6］/ vayišali［171a29］（ヴァイシャーリー）/ Mvpt; vayisali / aγuda orun［4091］

【武器・宝石】

maṇi［210.11］/ nor bu［122a1］/ mani［153a13］（宝珠）

śakti［218.11］/ mdung thung［126a7］/ šakti［158b10］（戟）/ Mvpt; aqur ǰida, oqur ǰida［6067］

【その他】

aḍakavatī［202.13］/ lcang lo can［117b7］/ adakavati［147b12］（須弥山にある宮殿）/ BA; adakavanti［15a25］

koṭi［210.19］/ bye ba［122a7］/ kolti[25)]［153a25］（コーティ）/ BA; kolti［3a19］

lumbini［234.19］/ lum-bi-ni［133b6］/ lumbini［168b15］（ルンビニー）/ BA; lumbini［37a14］/ Mvpt; lambini-yin sečeglig, lambai［4109］

mantra［248.16］/ sngags［142a6］/ tarni（< *dhāraṇī*）［179a20］（呪言）/ BA; tarni［35b19］

ṛddhi［290.13］/ rdzu 'phrul［165a8］/ ridi［211a13］（神通）

saṃghāṭī［240.3--4］/ snam sbyar［136b3］/ sanggati［172b6］（法衣）[26)]

samādhi［239.2］/ ting nge 'dzin［136a3］/ samadi diyan［171b23］（三昧）/ BA; samadi［36a10］

senāpati［248.7］/ sde dpon［141a5］/ sinayani[27)]［178b28］/ BA; sinayani［47a13］（セーナーパティ村）

vārāṇāsī［264.21--22］/ ba-ra-na-si［149b2］/ baranasi［190b28］（ヴァーラーナシー）/ BA; varanaša［41r23］/ Mvpt; varanasa, varanasi［4090］

---

25) ソグド語から古ウイグル語に導入されたことが確認されている語のひとつ（sogd. kwrty > uig. kolti）［Shōgaito（1991）, p. 37］.

26) degel（上衣）というモンゴル語を補足して訳する例も見られた。
saṃghāṭī［267.7］/ chos gos snam sbyar［150b6］/ sanggati karš-a degel［192b2］（法衣）

27) skt. *senapati* > sogd. syn'y'ny > uig. sinayani［Shōgaito（2003）, pp. 138—139］.

5.　skt.-*u* ; mong. -u（有生物・無生物の対立なし）

【神格】

dharmaketu［277.14］/ chos kyi tog［156b1］/ dharmaketu［199b29］（ダルマケートゥ　菩提道場の16天子の一）

valgu［278.10］/ snyan ldan［157a2］/ balagu［200b10］（ヴァルグ　菩提樹の 4 女神の一）/ BA; balgu［48r6］

viṣṇu［249. 15］/ khyab 'jug［142a6］/ visnu［180a22］（ヴィシュヌ）/ Mvpt; tügemel oruγči［3127］

【植物・天体・地名】

jambu［263. 15］/ dzam-bu［148b8］/ zambu［189b30］（ジャンブ樹）/ BA; čambu［40b24］

kapilavastu［203. 11−−12］/ ser skya'i gnas［118a5］/ kabalivas-tu［148a9］（カピラヴァストゥ）/ BA; kabalvas-tu / Mvpt; kabalig balγasun, čayibur orun-u balγasun［4104］

ketu［217.3］/ mjug ring［125b3］/ ketu odun[28)]［157b17］（ケートゥ星）

【香】

kālāguru［214. 20］/ dus kyi a-ga-ru［124b3］/ kala anusiri agaru[29)]（< *kālānusāri aguru*）［156a24］（カーラーアグル）/ BA; agaru［46b4］

---

28)　odun（星）が補われている.

29)　チベット語テキストが一部のみをチベット語訳しているのに対し，モンゴル語テキストは全てサンスクリット借用語を用いていることがわかる。

あとがき

そもそも，私が仏教の「お話」を熱心に追いかけるようになった切っ掛けは，内モンゴルでの留学時代にさかのぼる。実のところ，日々の授業の中では説話を読む機会はなかったが，まったくの偶然から，市内のある寺院に保管されているモンゴル語で記されたとある仏教説話テキストを長期間，閲覧する機会に恵まれた。これは寺院の責任者の方の全くのご厚意によるもので，今でも感謝している。

さらに，休暇中にバックパックを背負い，甘粛省にあるチベット仏教の名刹であるラプラン寺まで出向いたこともひとつの転機だったように思う。そこで，私はモンゴル語を介して，何人かの僧侶に話を聞くことができた。ラプラン寺はチベットのアムド地方に入り，たしかにチベット人の居住地区にあるのだが，モンゴル族出身の僧侶も何人か暮らしていた。また，モンゴル語を話すことはできなくとも，ある程度は理解できるチベット人僧侶もいた。そのおかげで，比較的かぎられたコミュニティーではあったものの，さほど苦労することなく，彼らと意思疎通を図ることができたように思う。寺院近辺のドミトリーに宿をとり，本を読んだり，飽きては街に出たり，伽藍のあいだをぶらついたり，知合いのモンゴル人僧侶を訪ねたりして，「聖地」で呑気な数十日を過ごしたのは，いまでも良い思い出である。

その滞在中，しばしば私を暖かいお茶やツァンパ（大麦の麦焦がし粉）でもてなしてくれた老僧がいた。後で周囲の僧がいうには，何でも昔の聖者（誰だったのかは，忘れてしまった）の転生者で，つまりはそこそこ位のある方だったらしい。しかし，そのような様子は少しも見せないとても気さくな人物で，こちらが尋ねもしていないのに，さまざまなことを話してくれた。わけても，俗にチベットの「破仏」で知られるランダルマ王の前世物語を話してくれたことは，そのリズミカルな語り口とともに，とても印象に残っている。また，同じく滞在中によく話し相手になってくれていた同年代の僧侶のひとりが，研究対象として仏教説話を提案してくれていたことも影響しているように思う。

それから数年して，モンゴル語の履修をひとまず終えた私は，幸運にもサンスクリット語による仏典を学ぶ機会を得た。最初に取り組んだテキストは，恩師の勧めもあって，仏教説話集『ディヴィヤ・アヴァダーナ（*Divyāvadāna*）』だった。その第8話にあたる「スプリヤ・アヴァダーナ（*Supriyāvadāna*）」との出会いが，本書の「後編」に記した「雲馬譚」研究の発端となっている。

実のところ，この「第8話」の中では，雲馬はほんの少ししか出て来ない。しかし，そのわずかな記述に興味を抱いた私は，それからというもの「雲馬」関係のテキストとみるや，なんだか読まずにはいられないような気分になって，ひととおり目を通してきたつもりである。それでも，改めて読みなおしてみると，よくいえば「新たな発見」――つまるところは「見落とし」があった。特に，本書「後編」の内容は，書き進めるうちに気付いた事柄が半分以上で，事実上「書き下ろし」になってしまった感がある。おまけに私の本来の専門外とする漢語テキストや日本の古典文学という視点から「雲馬譚」について論じたものだから，いわば試作品のようなものともいえよう。それだけに，至らぬ点も少なからずあることと思う。ここに改めて，識者の方々からのご指摘，ご教示を請いたい。

一方，「前編」に記したモンゴルの仏伝テキストや「モンゴル・カンギュル（ガンジョール）」に関する考察は，私の博士課程での成果を基に，その内容をより簡潔にまとめあげたものである。サンスクリット語に専攻を変えたとはいえ，やはりモンゴル語仏典への興味は失せなかった。いや，正直に言うと，サンスクリット語に転向した時から，インドからモンゴルにかけての仏教弘通の道筋をさかのぼってみたいという思いは持ち続けていたし，恩師もそれを勧めてくれていた。その願望を，ひとまず，なんとか形にできたのは，身に余る幸福と言わねばならない。とはいえ，やはりこの章にも，何かと至らぬところはあるように思う。これについても，識者のご批正を請う次第である。

―― 謝辞 ――

今さらながらであるが，学術研究の世界に足を踏み入れた時から本書の出版に至るまで，数多くの方々のご指導，ご助力をいただいている。特に，モンゴル語から転向してきた私を暖かく迎えて下さり，サンスクリット語およびパーリ語の読解から研究者としての姿勢や「モノの見方」まで教示していただいた恩師・徳永宗雄先生には，いくら感謝しても足らないように思う。弟子たるもの，いつかは師を超えてみせるのが本当の恩返しなのだろうが，おそらくそれは一生叶わないような気がする。さらに，モンゴル語学出身として先輩にもあたる正垣内正弘先生には，言語学の観点からみたモンゴル語とサンスクリット語との関係について様々なアドヴァイスを戴いた。このお二方のご指導およびアドヴァイスなくしては，私の博士論文はおろか，本書の誕生もあり得なかったであろう。

また，ご多用にも関わらず，快く私のチベット語訳を見てくださり，『仏の12の行い』のテキストの位置づけについても貴重なアドヴァイスとご示唆をくださった宮崎泉先生にも謝辞を送りたい。それから，私がモンゴル語を学んでいた頃から研究の道に進むことを勧め，サンスクリット語への転向に際して背中を推してくださったモンゴル語の恩師・橋本勝先生にも厚く感謝したい。

さらに，現在の所属先の同僚にあたる加藤栄司研究員には，主として

『大唐西域記』に関するさまざまなご示唆を戴いた。また，貴重な写真を快く提供して下さった写真家の丸山勇氏（本文121～124ページ）にも，厚く感謝の意を表したい。そして，何よりも，研究を続けて行くことを認めてくれた両親は，私にとってとてもありがたい存在である。

最後になったが，本書の刊行にあたっては，「京都大学の平成24年度総長裁量経費　若手研究者に係る出版助成事業」の助成を受けた。申請に際して推薦して下さった，横地優子先生，そして，遅々として原稿の進まない私を辛抱強く待ってくださった京大出版社の鈴木哲也編集長，および担当者の國方栄二氏にも，この場をお借りしてお礼を申し上げたい。

山口　周子

索　引

ア行

アシュヴァ・ゴーシャ　40
『アビニシュクラマナ・スートラ』　38, 40, 44, 48
アルタン・ハーン　41, 57, 59–61
『アルタン・ハーン伝』　57
イェスン・ティムル・ハーン（晋宗）　58
ヴァラーハ（*Valāha*）　86, 87, 98
ヴァラーハッサ・ジャータカ（*Valāhassajātaka*）　86, 87, 90
ヴィシュヴァンタラ（*Viśvaṃtara*）　24, 25
『宇治拾遺物語』　86, 93
『ウダーナ・ヴァルガ』（*Udānavarga*）　112
ウルジート・ハーン（Öljeitü qaγan）　15, 17, 58
オゴテイ・ハーン（Ögüdei qaγan）　55

カ行

『カーランダ・ヴューハ』（*Kāraṇḍavyūha*）　90, 95–97, 100, 102, 104, 105, 107–109, 113, 115, 116, 138, 144
カンギュル　6, 17, 20, 57, 59–61, 63, 77, 78
カンジュル（ガンジョール）　6, 15, 17, 60, 61, 63
観世音信仰　113, 115, 116, 125, 137, 138, 142, 144, 146, 148
観世音菩薩　109, 110, 113, 115, 136–138, 140, 142, 144, 145
吉凶幡　126, 127, 133
『經律異相』　92, 95, 101, 104
金　54, 55
グデン（Göden）　55, 56
クビライ（Qubilai）　56, 57
雲馬救済譚　88
ケーシン（*Keśin*）　99, 108, 110
ケレイト王国　54, 55
玄奘三蔵　116–118, 125, 127, 136
元朝　iii, 13, 15, 16, 18, 26, 34, 38, 39, 41, 52, 56, 59, 62–64, 69, 70, 77, 78
古ウイグル語　17, 58, 64, 68, 69, 74, 76–78, 151, 152, 159, 166
康熙帝　61
ゴーパカー（*Gopakā*）　30, 31, 33, 41, 43
『今昔物語集』　iii, 82–86, 88, 93, 95, 97, 101, 103–105, 107, 109, 112, 114, 117, 120, 125, 136–138, 142, 143, 146–148
根本説一切有部毘奈耶（根本説一切有部律）　39, 90–92, 95–97, 102, 104, 106, 108, 111, 120, 125–128

サ行

サキャ・パンディタ（Sa skya paṇḍita Kun dga' rgyal mtshan）　56, 58
サキャ派　14, 18, 56–58
サムダン・センゲ（Sam dan seng ge（tib. bSam gtan seng ge））　20, 63
サンスクリット借用語　17, 64, 74, 157, 167
シェーラブ・センゲ（Ses rab seng ge（tib. Shes rab seng ge））　14, 18–20
ジグメ・ナムカ（'Jigs med nam mkha'）　14, 15, 56, 57
師子　96, 102, 104, 106, 107, 120, 125, 130
師子胤　96, 102, 104, 106, 108, 120, 125, 128, 129, 133–135
師子國　101, 104, 105, 140–142
師子洲　104, 106, 113, 134
四天王　64–66, 76
死魔　51, 66, 71, 74–76
ジャータカ（*Jātaka*）　24, 52, 77, 84–87, 90, 97, 106–108, 110, 117, 126, 137, 139, 141, 144

ジャータカ・マーラー（*Jātakamālā*） 25, 28, 29
釈迦如来 108, 120, 135
『出曜經』 92, 95, 96, 100, 102, 104, 106, 112, 113, 120
シュヤーマ（*Śuyāma*） 26-28
『首楞厳三昧経』 10, 11
上座部仏教 i, 11, 12, 24, 28, 34, 84, 85, 139, 141, 147
除蓋障菩薩 109, 140
『衆許摩訶帝經』 39, 42
白キ馬 101, 107, 109, 110, 138
シンガラ（Sing ga la / *Siṃghala*） 96
清朝 iii, 20, 38, 61, 62, 65, 70, 78
シンハ（*Siṃha*） 95-97, 125
シンハラ（*Siṃhala*） 95, 96, 103-105, 109, 114
スジャーター（*Sujātā*） 36, 37, 47-49, 67, 158
スリランカ建国譚 86, 88, 96, 103-105, 112, 113, 115, 116, 118, 120, 125, 126, 136, 138, 142, 146, 147
ゼーマ・サンモ（mDzes ma bzang mo） 57
『増壱阿含經』 92, 95, 96, 100, 106, 120
僧迦羅 88, 93, 95, 97, 101, 103-105, 107-109, 112, 114-117, 120, 125, 126, 136-139, 146-148
僧迦羅国 92, 104, 107, 112, 115, 116
僧伽羅 96, 97, 103, 106, 109, 117-120, 125, 128, 131, 135
ソルカクタニ・ベキ 57

タ行

大乗仏教 5, 6, 10-12
大都 78
『大唐西域記』 85, 86, 92, 95-97, 100, 102, 104, 106, 108, 112, 116-118, 120, 125-128
『中阿含經』 92, 98, 106, 112
チューキ・ウーセル（Chos kyi 'od zer） 14-18, 20, 58, 59, 63, 77
チューク・ウーセル（Chos sku 'od zer） 14
チンギス・ハーン（Činggis qaγan） 55
ディーガ・ニカーヤ（*Dīghanikāya*） 11
テムジン（Temüǰin） 55
天竺部 iii, 82-84
天馬 98, 100, 101, 106, 111, 115, 119
トゥメド（Tümed） 59, 61

ナ行

ナンダー（*Nandā*） 35-37, 47-49
ナンダバラー（*Nandabalā*） 35-37, 47-49
ニコラス・ポッペ（Nicholaus Poppe） 2, 13, 17-23, 37
ネストリウス派キリスト教 57

ハ行

ハイシャン・フレグ・ハーン（武宗） 15-17, 57, 58
パクパ（'Phags pa, bLo gros rgyal mtshan） 15, 56, 57, 59
婆羅訶 98, 100, 106
『佛説十二遊經』 50
『佛説大乗荘嚴寶王經』 91
ブッダ・チャリタ（*Buddhacarita*） 38-40, 45, 46, 48, 49
『佛本行集經』 92, 99, 106
プトン（Bu ston, Rin chen grub） 40, 41
プトン仏教史（*Bu ston chos 'byung*） 39, 40, 45, 46, 48, 49
普門品 137, 143-148
『普曜經』 5, 6, 32-34, 36, 37
フレグ・ハーン（Külüg qaγan） 15
『方廣大荘嚴經』 5, 6, 32-34, 36, 37
北元 59, 61
『法華経』 137, 138, 142, 143, 145, 146, 148
『法華経絵巻』 148
ポッペ →ニコラス・ポッペ
『仏の12の行い』（*Twelve Deeds of Buddha / Burqan-u arban qoyar ǰokiyangγui*） 2, 13, 14, 18, 20-31, 33-35, 37, 38, 41, 46, 49-53, 59, 64, 68-74, 77
ボヤント・ハーン（Buyantu qaγan） 17
本生譚 24, 25, 28, 52, 77, 84, 87, 94, 95, 107,

109, 110, 112, 113, 115, 126, 135, 136
『翻訳名義大集』 65, 76, 151

マ行

マハー・ヴァストゥ（*Mahāvastu*） 90, 97, 99, 108, 110
マハー・ボーディ（*Mahābodhi*） 28
『密迹金剛力士會』 26, 28
ムリガジャー（*Mṛgajā*） 42–44, 46

ヤ行

ヤショーダラー（*Yaśodharā*） 30, 31, 33, 41–46
『維摩経』 10, 11

ラ行

ラーフラ 9, 34, 41–46
羅刹 85, 93, 101, 102, 104, 105, 112, 113, 119, 128–130, 132–134, 137, 138, 144, 145, 148
羅刹女 86, 89, 90, 93, 94, 99, 101–105, 110–115, 118–120, 126–130, 132–135, 137, 140–145, 148
『ラリタヴィスタラ』（*Lalitavistara*） 2, 5–9, 12, 13, 18–34, 36–39, 41, 45, 47–50, 52, 63–66, 69–75, 77, 151, 158
リクデン・ハーン（Ligdan / Ligden / Lindan qaγan） 60, 62, 63
遼 54
ルイス・リゲティ（Louis Ligeti） 17
ルチ 26, 27
六度集經 92, 99, 100, 102, 106

アルファベット

'Dul ba gzhi 38
'Dul ba rnam par 'byed pa 91
'Phags pa rgya cher rol pa zhes bya ba theg pa chen po'i mdo 5
Bālāha 86, 107
Balāhāśva 97
Gośṛṅgavyākaraṇa（『牛首山授記経』） 60
Mañjuśīnāmasaṃgīti（『文殊師利一百八名梵讚』） 60
mDzad pa bcu gnyis kyi tshul la bstod pa（『十二所作理趣讚』） 50, 51
Qutuγ-tu aγui yeke-de čenggegsen neretü yeke kölgen sudur 6
Siṃhaladvīpa 105, 107
sPrin gyi shugs can 98, 106
Suvarṇaprabhāsa（『金光明経』） 60
Tārā-ekaviṃśatistotra（『聖救度仏母二十一種礼讚経』） 59
Valāhassa（雲馬，雲馬王，（聖）馬王 / *Balāhāśva*） 86–89, 93–95, 97–101, 103, 105–118, 120, 126, 128, 134–136, 138–142, 144–148
Vinayavastu 90–92, 98, 106, 108, 111
Vinayavibhaṅga 91, 98, 102, 104, 106, 108, 111, 136

著者紹介

山口　周子（やまぐち　なりこ）

（公益財団法人）中村元東方研究所研究員，東方学院講師。
京都大学大学院文学研究科博士課程修了。京都大学博士（文学）。
研究分野はモンゴル仏教（仏教説話，仏伝文学）。

主な業績

‘On the Praise of the 21 Tārās in the Arjai Cave Temple’（『印度學佛教學研究』58-3，2010年），「*Lalitavistara* モンゴル語テキストに見られる人名および尊格名称の「サンスクリット化」について」（共著，『人文知の新たな総合に向けて』京都大学大学院文学研究科21世紀COEプログラム第5回報告書，下，2007年），「「雲馬王譚」の変容―*Jātaka* から『今昔物語集』まで―」（『佛教史學研究』54-2，2012年）など。

（プリミエ・コレクション36）

〈仏の物語〉の伝承と変容
―― 草原の国と日出ずる国へ

平成25（2013）年3月31日　初版第一刷発行

著　者　山口周子
発行人　檜山爲次郎

発行所　京都大学学術出版会
京都市左京区吉田近衛町69番地
京都大学吉田南構内（〒606-8315）
電　話（075）761-6182
FAX（075）761-6190
URL　http://www.kyoto-up.or.jp
振　替　01000-8-64677

ISBN978-4-87698-277-6
Printed in Japan

印刷・製本　亜細亜印刷株式会社
定価はカバーに表示してあります